4訂版

相続トラブル
解決事例 35

～『感情』と『勘定』で、『相続』を『争族』にしないために～

税理士法人 安心資産税会計
代表税理士 **高橋安志** 著

一般財団法人　大蔵財務協会

推薦の言葉

　「相続」は千差万別で、「相続税務」では"知識よりも経験"が重要だ。
　相続人間の人間関係等が見えないため、税理士が思わぬ"地雷"を踏んでしまうこともある。
　そうした地雷を踏まないためにも、また万一踏んでしまった場合の対応策にも、安志先生が実際に経験してきたトラブル事例の数々を共有できるのは、非常にありがたい。
　どの事例も、相続に直面する前にぜひ知っておいて頂きたいものとなっており、私にも新たな気づきを与えてくれて、大きな自信となった。
　税理士・国税職員だけでなく、相続を控えた一般の方（素人）にも"争族"となってしまう前に、ぜひ一読して欲しい一冊だ。
　この本のもう一つの魅力は、事例の洗練性に加えて、その事例の一つ一つが、ドラマを観ているように鮮明にイメージしやすいことである。
　私のように集中力が長続きしない者にも、とても読みやすく、記憶に定着しやすいのが嬉しい。
　さらに、「参考資料」は、相続税に係る知識に疎い方にとっても、ありがたい内容である。

令和7年4月吉日

税理士　髙橋　達也
（元財務省主税局　税制第一課　主税調査官）

はしがき

『相続』は『争族』という言葉に置き換えられるほどに相続人の間で『感情』又は『勘定』でトラブルになることがあります。

第1章 事例1『母親とお母さんは違う？』は、正に相続に伴う『感情』が『勘定』を上回った事例といえます。

税法以外の法律（民法第4編『親族』・第5編『相続』など）又は相続税法・措置法（『小規模宅地等の特例』など）を勘違いして覚えていたために、又は知らなかったためにトラブルにもなります。

前作（令和5年3月）「相続トラブル解決事例30」に5事例を追加し、かつ最新の法令に依拠するため解説を一部変更した事例もあります。

また、この間に相続関係で興味深い裁決・判決が出ていますのでその内容も盛り込んでいます。

税理士法人 安心資産税会計が実際に体験し、解決した、又は解決できなかった様々な事例の中から厳選し、これらの事例についてどのように解決したか、又はどのように解決すれば良かったかを解説しました。

この『相続トラブル解決事例35』を第1章に紹介し、その際に参照すべき章として、第2章『相続税法』の基礎知識を、第3章『民法の相続法』の基礎知識を、第4章に『相続税が過少又は過大と気がついた場合』、巻末に『参考法令等』を紹介しています。

第1作目を執筆中（平成24年12月20日）に母が享年91歳で他界しました。『生んでくれてそして育ててくれた』ことを感謝いたします。

本書は税理士法人 安心資産税会計の税理士（大塚政仁・平田康治・鈴木正人・阿部容士）の協力によることを申し添えます。

私が好きな言葉を紹介します。「孔子がこうおっしゃった。『私は15歳で学問に志し、30歳で独立し、40歳で迷いがなくなり、50歳で天から与えられた使命を知り、60歳で人の意見を素直に聞けるようになり、70歳で自分の心の欲する

ままに行動しても人の道を踏み外すことがなくなった。』」(「論語（為政編)」)

　人（相続人、被相続人）は年齢を重ねると考え方が変化するものです。

　読者の方もこの書籍を、5年後、10年後等再度読み返した場合、最初は理解できなかったことが分かるかもしれません。

　最後に本書の発行にご尽力いただいた、一般財団法人大蔵財務協会の編集局の皆様に紙面を借り厚く御礼を申し上げます。

令和7年1月吉日

　　　　　税理士法人　安心資産税会計　代表税理士　会長　高橋 安志

目　次

第1章　相続トラブル解決事例35

❶　母親とお母さんは違う？……………………………………………… 2
❷　老老介護の末の承諾殺人で相続人の欠格事由に該当？…………… 6
❸　俺たちを捨てた女（母）の財産なんか欲しくない？………………12
❹　兄が亡くなった父の預金通帳を見せてくれません。どうしたら良いですか？…………………………………………………………………15
❺　弟は死亡した兄の遺留分侵害額請求権を承継できますか？………17
❻　後妻の相続に対して先妻の子は相続人ですか？……………………21
❼　遺言書公開の場で遺言書を破いたら相続人の欠格事由に該当する？……25
❽　父親の私たちへの愛情は3等分？……………………………………29
❾　バツイチ同士の再婚で連れ子同士は母との関係では兄弟？………32
❿　自宅の売却代金で兄が弟に代償金を支払います。代償分割、それとも換価分割ですか？…………………………………………………35
⓫　半血兄弟姉妹の相続分は均等ですか？………………………………38
⓬　結婚している甥や姪を私の養子にしたいのですが、名字の変更は必ずしなければいけないのですか？……………………………………42
⓭　法定相続分での共有登記は、遺産分割ですか？……………………44
⓮　税務調査で指摘された孫名義の預金は孫のものですか？…………48
⓯　祖母が孫を養子にし遺言書では長男に全部相続させるとあります。遺留分侵害額の請求はできますか？……………………………………52
⓰　父の死亡で母親と同居約束で長男が財産を大半相続しました。債務不履行時は法定解除できますか？………………………………………55
⓱　父の死亡で母親と同居約束で長男が財産を大半相続しました。債務不履行時は合意解除できますか？………………………………………57

⑱　非行の著しい次男を推定相続人から廃除できますか？……………… 61
⑲　長男と死別した長男の嫁が、義父の面倒を看ていたが、別の男性と再婚した場合、特別寄与料はもらえますか？……………………… 65
⑳　疎遠だった叔父の債務を姪が相続放棄できる期間の開始時期はいつからですか？（再転相続の問題）…………………………………… 70
㉑　俺が財産の全部をもらうからな！？……………………………… 73
㉒　母が次男に5百万円（5.5%相当）しか相続させないと遺言書を書いていました。問題が生じないでしょうか？………………………… 76
㉓　（二重資格者の相続放棄）兄の養子となっていましたが、兄弟だけの分の相続をしたいので相続の放棄をしたらどういう問題が起きますか。…… 80
㉔　父の宅地等に長男の妻の父が二世帯住宅を建築した場合、居住用の小規模宅地等の特例を受けられますか？……………………………… 83
㉕　父親の愛情と、母親の愛情の違い？……………………………… 87
㉖　消滅時効の完成した債務は債務控除できますか？……………… 91
㉗　前回の母からの相続分の譲渡は、今回特別受益になりますか？…… 95
㉘　2020年4月から施行された配偶者居住権とはなんですか？……… 99
㉙　父が死亡後、相続人が空き家を譲渡した場合、なにか特例はありませんか？………………………………………………………… 103
㉚　50年後のラブレター？………………………………………… 108
㉛　後妻と先妻の子は親族ですか？………………………………… 114
㉜　父の死亡時に障害者である相続人が障害者手帳の交付を受けていません。相続税法上何か問題がありますか？………………………… 117
㉝　同敷地内の別家屋に兄弟姉妹が数名居住。嫁の気持ちは？……… 120
㉞　涙声で、…お姉ちゃん、お母さんをいじめないで… ……………… 123
㉟　生前に父の遺留分の放棄をした弟が母の遺留分権利承継主張？……… 126

第2章　（相続税の基礎知識）・相続税はどのような税金？

⑴　相続税はどんな場合に課税されるのですか？……………………… 134
⑵　相続税はどのような財産に課税されるのですか？………………… 134
⑶　相続税はどのように計算するのですか？…………………………… 135
⑷　相続税はどのくらい課税されるのですか？………………………… 139
⑸　相続財産はどのように評価されるのですか？（主な財産のみ）…… 140

第3章　相続財産は、誰に、どのように相続遺贈される？

⑴　法定相続人と相続割合はどのようになっていますか？…………… 146
⑵　法定相続分と違う割合で相続（遺贈）させたい場合はどうするのですか？……………………………………………………………………… 148
⑶　遺留分というのはどんな制度なんですか？………………………… 150
⑷　遺言以外で相続人以外の者が相続財産を取得することはできないのですか？……………………………………………………………………… 152
⑸　相続の承認・放棄・相続人の欠格・推定相続人の廃除とはどういうものですか？……………………………………………………………… 153
⑹　遺産分割の方法は何種類ありますか？……………………………… 156

第4章　相続税が過少又は過大と気がついた場合は？

事例1　相続税額が過少と気がついた場合……………………………… 160
事例2　相続税額が過大ではないかと疑問を持った場合……………… 162

巻末　参考法令等

【民法】………………………………………………………………………… 164
【家事事件手続法】…………………………………………………………… 181
【戸籍法】……………………………………………………………………… 182

【国税通則法】	183
【相続税法】	184
【相続税法基本通達】	188
【上記の逐条解説】	190
【国税不服審判所の裁決】	190
【裁判例】	191
【刑法】	192

　第1章の文中における税法以外の法律的な会話は、あくまで相続税の相談を受けている最中に、相続税に関して重要な影響を与えるために税理士としての専門家的立場から行ったものでありますが、当然に「税法以外の法律的」相談報酬は弁護士法第72条の規定に則って受領はしていません。

　法令および通達等は令和6年12月1日現在のものです。

第1章

相続トラブル解決事例 35

事例 1　母親とお母さんは違う？

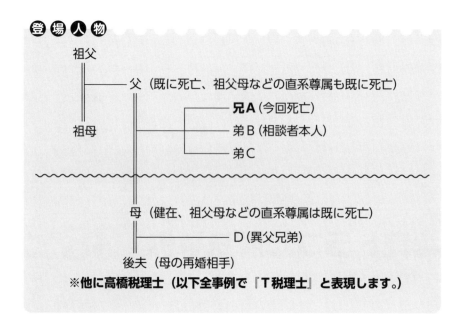

事例のあらまし（安心資産税会計での会話。以下同じ。）

B 「相続税のことで相談したいんですけど」

T 「うちの事務所は何で知りましたか？」

B 「某テレビ局のCMをみて相談しようと思ったのです。あの役者の方いいですね」

T 「ありがとうございます。あの方は有名な落語家なんですよ。四代目三遊亭○○師匠です。収録場所は新宿の○○亭ですよ。途中で子供が父親に『やすしってだーれ』と聞くと、父親が『おまえはだまってろ』という場面があるんですが、妻に言っていると誤解している人もいるんですよ、ところでどんなご相談ですか」

第1章　相続トラブル解決事例35

Ⓑ「実は私の兄Ａがこの度６千万円を残して55歳の若さで急逝したんです。兄は独身で子供もいませんでした」

Ⓣ「親御さんはご健在ですか」

Ⓑ「祖父母は20～30年前、親は５年前に死亡しています」
　「ですから相続人は兄弟の私（Ｂ）と、弟Ｃの２名ですよね」

Ⓣ「そうですね。相続税の遺産に係る基礎控除は４千２百万円ですから相続税の支払い義務がありますね」

　※　6,000,000円×２名＋30,000,000円＝42,000,000円

　「念のため親族図を書いていただけませんか」

…親族図でＴ税理士は母親の健在の有無に質問をする。

　「親御さんが５年前に死亡しているとおっしゃいましたが、父母共死亡しているのですか？」

Ⓑ「母親は福岡の方で再婚していて、子供も１人（Ｄ）いると風の便りに聞いています」

Ⓣ「え！お母さんがご健在なんですか」

Ⓑ「『お母さん』と呼ばないでくれ。我々兄弟３人を捨てたような女は『母親』であって『お母さん』じゃない‼」

Ⓣ（しばし絶句…）
　「でも現在の法律では、兄Ａの場合は配偶者も子供もいないので、第２順位として、母親のみが法定相続人ですよ」
　「あなたと、弟Ｃさんに相続権はありませんよ」

Ⓑ「我々は相続権がないのですか？」

Ⓣ「でも方法がないわけでもありませんよ」
　「母親の所に代理人を立てて、母親と異父兄弟の方に相続を放棄してもらえばいいですよ」

Ⓑ「我々を捨てた女（母親）に接触するくらいだったら、預金に対する相続

— 3 —

権を放棄します」

問題点

(1) 相続人の順位は次のとおりです（第3章(1)参照）。

　① 第1順位　被相続人の子供（配偶者は常に相続人。②③も同じ）
　② 第2順位　被相続人の直系尊属（父母・祖父母等）
　③ 第3順位　被相続人の兄弟姉妹

　※ ①の場合は相続人が既に死亡又は相続権を喪失している場合、その下の者（孫・ひ孫まで）に代襲（再代襲）相続権が連続します。

　②の場合は代襲相続という考え方はありません。血縁関係の濃さの順位です。父が先に亡くなっている場合、父の父母に代襲相続はされず、相続人は母のみです。

　③の場合は甥・姪まで代襲相続権があります。

したがって、亡くなった兄Aには配偶者も子供もいないので第2順位の母親（お母さんではありません。）のみが法定相続人です。

解決方法

(1) **相続の放棄**（母親の直系尊属「祖父母等」もいないと仮定）

　① 最初に母親に相続の放棄をお願いします。

　　母は、Aが死亡し自分が相続人となったこと（Aに直系卑属がいないこと、又は直系卑属全員が相続放棄したこと）を知った日から3月以内にAの住所地の管轄家庭裁判所に相続放棄の申請をしなければなりません。

　　この段階で第2順位の相続人はいないことになります（相続の放棄があった場合は、初めから相続人とならなかったものとみなします。）ので、第3順位に移行することになります（民法889、939）。

② 2番目に弟D（異父兄弟）に相続の放棄をお願いします。

Dは、Aが死亡し自分が相続人となったこと（Aに直系卑属＆直系尊属がいないこと、又は直系卑属及び直系尊属の全員が相続放棄したこと）を知った日から3月以内にAの住所地の管轄家庭裁判所に相続放棄の申請をしなければなりません。

この順序を経るとB・Cだけが相続できます。

③ もちろん簡単に相続の放棄をしてもらうことは困難ですが…

⑵ 相続の放棄の期限の問題（民法915）

　この案件は数年前の事例ですから、通常は相続放棄の期限である『自己のために相続の開始があったことを知った時から三か月以内』をはるかに超えていますから放棄はできないようにも考えられますが、母親（及び異父兄弟である弟D）は兄Aが死亡したことをまだ知らないでいる可能性がありますので、上記⑴の解決策を行える可能性があります。法律の専門家に相談してください。

　その前提として、先順位の相続人が相続放棄をしたかどうかを確認する必要があります。

　その相続人に直接確認できればよいですが、連絡先が分からなければ確認できません。連絡先が分かったとしても、疎遠になっていると確認しづらいこともあるでしょう。

　その場合、Aの住所地の管轄家庭裁判所に対する「相続放棄申述の有無の照会」という方法で確認することができます。

事例 ② 老老介護の末の承諾殺人で相続人の欠格事由に該当？

父（98歳）　（要介護5の状態で自宅）
├── 長男A（75歳）　（独身。献身的に父の介護）
├── 長女B（70歳）　（近隣に居住）
└── 次男C（68歳）　（自宅に寄りつかない。浪費癖）
母（既に死亡）

※他にT弁護士

事例のあらまし

- T 「今日は何の相談ですか」
- A 「最近新聞で読んだんですが、老老介護の末の殺人事件が起きましたね。妻の介護を長年してきた夫が、寝たきりの妻から『首を絞めて殺してくれ』と頼まれて殺した事件です（2022（令和4）年11月4日／千葉地裁）。」
- T 「親の介護を献身的にしてきた高齢の子供が同じようなことをした案件もございますね。他にも最近こういう事件が多いですよ」
- A 「裁判で証人に立った娘は『父にとって母は世界で唯一の存在。身を切られるほど、十分罰を受けている』と強調。弁護士は『妻を愛していたからこその犯行』と情状酌量を求めたとありましたね。新聞を読んで私は泣いてしまいましたよ」
- T 「それがどうしたんですか」
- A 「顧問税理士に聞いたんですが、この場合、父（夫）は母（妻）の相続人にも、受遺者（遺言で財産をもらえる権利者）にもなれなくなるそうですね」

T「あの事件の場合は懲役3年、執行猶予4年の判決ですね。執行猶予がなかったら法律論的には確かにそうですね。執行猶予がついた場合は諸説があります。執行猶予が終了すれば相続人になれます」

A「私の家も人ごとではないんですよ。父は頭はしっかりしていますが要介護5の状態で、時々私に殺してくれというんですよ。そんな話は相手にしていませんが、私も後期高齢者の仲間入りをしてしまいました。私の方が先に逝く可能性もあります。弟Cは家にも寄りつきません。来ると金の無心です」

T「大変ですね」

A「万が一同じような事件を私が起こしたら、父の財産はなにもしなかった弟Cにいくのは納得できません」

T「参考になるかどうかわかりませんが、広島家裁呉支部の審判事例を紹介します。兄が弟(同順位の相続人)を殺害したが、父(被相続人)が兄(長男)を宥恕(寛大な心で許すこと)したと判断した事例です」

A「時代劇の大岡裁きみたいですね」

T「この場合は同順位の相続人(兄と弟)を殺害ですからまだ被相続人が生存していますので、その後被相続人の言動でこのような審判がなされましたが、新聞の事例は被相続人を殺害したのであるから被相続人のその後の言動はなく宥恕の根拠判断が難しいですね」

(問題点)

(1) **相続欠格事由**(民法891条一号)

　➡代襲相続はある(民法887②③)。

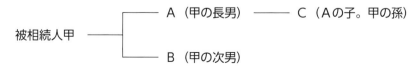

次に掲げる者は、相続人となることができない。
① 故意に被相続人（A・B【受遺者であるC。民法965】にとっての甲）、先順位（CにとってのA）・同順位（AとBの関係）の相続人を死亡するに至らせ【殺人罪（刑法199）や自殺関与及び同意殺人（刑法202）】、または至らせようとした【未遂罪（刑法203）や殺人予備罪（刑法201）】ために刑に処せられた者

【『故意』と、『刑に処せられた』2つの要件が必要】

※ 「故意」とは、殺人の故意を指す。殺人の故意が認められない下記は含みません。
傷害致死（刑法205）・過失致死（刑法210）・業務上過失致死傷等（刑法211）を含みません。
正当防衛（刑法36）は「故意」の可能性あり

※ 「刑に処せられた者」とは、下記❶～❸は含みません。
❶正当防衛や責任無能力者　　　　【刑に処せられなかった者】
❷執行猶予判決➡猶予期間が経過した者【刑の言渡しが失効】
❸実刑判決確定前に死亡した者【『刑に処せられた』に非該当】

(2) **相続人の欠格宥恕**（広島家裁呉支部平成22年10月5日審判）

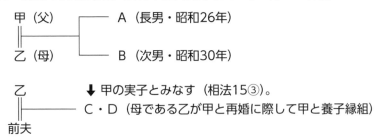

1 事実の概要　理解しやすいように簡略化しています。
被相続人甲は、昭和26年×月×日、妻乙との間で、長男Aをもうけ、昭和30年×月×日、妻との間で次男Bをもうけた。

他に養子C・D（乙の連れ子）がいる。

❶乙は、平成13年×月×日死亡している。

❷Bは、平成15年×月×日、Aによって殺害された。

Aは、同年×月懲役刑に処せられ、〇△刑務所で服役している。

※　執行猶予は付かなかった。

❸平成20年×月×日、被相続人甲が死亡した。

C、Dが甲の遺産をめぐって遺産分割の申立てをし、それらの前提問題として、Aの相続人適格が争点となった事案である。

2　審判要旨

「AがBを殺害したことから、Aは民法891条一号所定の者に当たる。

しかし、Aは、昭和32年（小学校1年生時）、交通事故に遭い、右脚の膝から下の部分を失い、義足を使用して歩行することを余儀なくされるようになり、読み書きの能力が不十分である（特に漢字の習得がほとんどできていない。）など知的能力もやや劣る状態となった。

弟Bは、上記のような障害を持つ兄Aを無視したり、馬鹿にしたりするような態度をとったりしたことから、Aは、Bに憎しみを覚えるようになり、言い争いもたびたびあったこと、**そのような経過を経た後の平成15年×月×日**、Aは、酒に酔ったBから、『親父が死んでわれが死ねば、最低の葬式をして、残った金はわしが使う。』などと言われて激高し、BをナイフでA何回も突き刺すなどして殺害するに至ったこと、被相続人甲【父】は、Aが被相続人甲経営の呉服店を約33年間にわたり手伝ってきたことを評価していた上、上記事件についてはBにも非があったと思い、<u>刑事裁判においては、Aに寛大な刑が下されることを求め、また、服役後は、何回か刑務所を訪ね、障害を持つAの出所後の生活を案じ、『心配ないから。』と話すなどしたことが認められる。</u>

上記認定事実によれば、甲は、遅くともAが上記の刑務所に服役したこ

ろには、Aを宥恕【寛大な心で許す】し、その相続人としての資格を有することを認める旨の意思表示をしたものと推認される。」として、Aは、甲の相続人としての資格を有するといえるとして、相続人適格を認めた。

(解決方法)
(1) 広島家裁呉支部の案件
　この案件は同順位（兄Aが弟Bの相続人）を殺害ですから、まだ被相続人が生存していますので、その後被相続人の言動『上記(2)の下線部分』でこのような『大岡裁き』的な、相続欠格とされる者の宥恕を肯定した最初の公表審判であり、注目に値します。
　「新聞の事例及び相談事例は被相続人を殺害したのであるから、宥恕の根拠判断が難しいです。」

(2) 遺言書に宥恕の文言を追加したらどうなる
　相続人又は受遺者が民法第891条第一号に該当したとしても下記に該当した場合は相続の欠格を宥恕するものとする。
　なお、下記に該当した者を、告発せず、又は告訴しなかった者（民法第891条第二号）も相続の欠格を宥恕するものとする。
　① 刑法202条（自殺関与及び同意殺人）で刑に処せられた場合
　② 又は執行猶予が付いた場合
　上記の文言をたとえば公正証書遺言書の本文、又は付言事項に被相続人の意思として明確にしていた場合、事例がないのでどうなるかはわかりませんが、相談事例のように兄が父を殺害した場合、弟Bが誰かに知恵を授けられても、上記の文言を追加していない場合に比べて有利に働くのではないでしょうか。
　※　人を教唆し若しくは幇助して自殺させ、又は人をその嘱託を受け若しくはその承諾を得て殺した者は、6月以上7年以下の拘禁刑に処する（刑法202）。なお、

— 10 —

巻末参照。

① 自殺教唆罪＝他人をそそのかして決意させて自殺させる罪
② 自殺幇助罪＝人を幇助（手助け。援助）して自殺させる罪
③ 嘱託殺人罪＝被害者から嘱託を受ける同意殺人罪
④ 承諾殺人罪＝被害者から承諾を得る同意殺人罪

事例 ③ 俺たちを捨てた女（母）の財産なんか欲しくない？

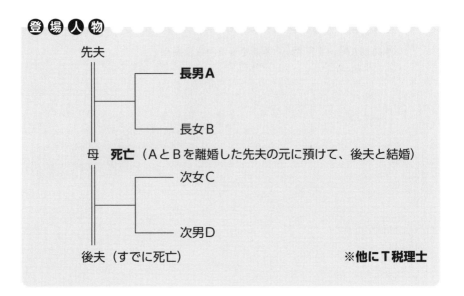

事例のあらまし

　CとDから母の相続税の申告を依頼されたT税理士が相続人の調査を司法書士に依頼したところ、法定相続人が4名と判明し、準確定申告と遺産分割協議のためT税理士事務所に集合してもらったときの会話（CとDは自分たちだけが相続人と勘違いしていた。）。

A 開口一番にT税理士に対して
　「あんたは弁護士でもないのに遺産分割協議をするのか」（AはCとDを憎んでいるらしく、CとDが依頼した税理士も『坊主憎けりゃ袈裟まで憎い』の格言のごとく敵対視していた。）

T 「私は遺産分割協議の場所を提供しただけであって、遺産分割協議をするのは皆さんです。その際に税務上のアドバイスをするのは税理士の当然の

責務です（多くの判決あり）。遺産分割協議がまとまれば、その内容を無償で代書（ワープロ）はします」
A Aは攻撃の矛先をT税理士からCとDに変えて
「今日はおまえたち（CとD）と兄弟の縁を切るために実印を押しに来た。そのためだけに遠方から来たんだ。今後はおまえ達とは一切会わない」
「俺たちを捨てた女の財産なんか一切いらない」
B 長男Aに対して、妹であるBは「私はもらうわよ」
A 「え、…おまえもらうの？…」（驚きの表情）
T 「準確定申告書にも押印をお願いします」
A 「そんな事は聞いていない。おれは遺産分割協議書に財産をもらわないという実印を押しに来ただけだ」
　最終的にはT税理士の説得に応じ、全員が準確定申告書と遺産分割協議書に実印を押印し、その後相続税の申告書も提出完了した。

問題点

　母がどのような理由で離婚した先夫の元にAとBを残して来なければならなかったかはおそらくAとBも真実は知らないでしょうが、残された子供AとBを育てた先夫及び関係者は、子供達に『おまえ達のお母さんはいい人だったんだよ。お父さんが悪かったんだよ。お父さんの暴力や浪費癖などが離婚の原因なんだよ』と言うわけがなく、『あんた達を捨てていったんだよ。あんた達はお母さんに捨てられたんだよ』とマインドコントロール（心理操作）していた方が先夫関係者には都合が良い事になります（事例1も同じです）。

解決方法 （解決方法というわけではないが、結果として）

　長男Aはこの本の表紙にある「かんじょう」の内『感情』を選択し、長女Bは『勘定』を選択したことになります。

長男Ａは母に捨てられたという意識（母親に対する愛情の裏返し）がより強いので『感情』に走り、長女Ｂは『離婚して子供を置いてこなければならなかった母の気持ち』が同じ女性として理解できたから『勘定』の方を選択したものと思われます。

第1章 相続トラブル解決事例35

 4 兄が亡くなった父の預金通帳を見せてくれません。どうしたら良いですか？

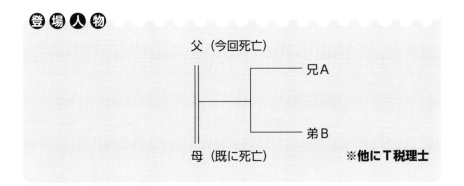

事例のあらまし

B 「相続税のことで相談したいんですけど」
「今回父が亡くなりまして、法定相続人は兄Aと私（弟B）ですが、兄Aが父の預金通帳を管理していて、過去の通帳も見せてくれというと、『古い通帳はどこにあるか分からない。亡くなった日現在の預金残高が分かれば遺産分割協議も相続税の申告もできるじゃないか』と言って古い通帳を見せてくれようとはしません」
「生前に兄Aが父の預金を勝手に使っていた節があるので入出金の記録を通帳で調べたいのですが兄Aは見せようとはしません」
「死亡日現在の預金残高証明書のみで、遺産分割協議書に署名捺印をしたくありませんし、相続税の申告もしたくありません」

T 「取引金融機関は分かりますか？」
B 「分かります」
T 「金融機関に過去の入出金記録の開示請求をしましたか？」

B 「したんですが、『法定相続人全員の同意がなければ開示できない』と断られました」
T 「金融機関の対応はおかしいですね」

問題点

　金融機関は相続人が複数いる場合、プライバシー保護や守秘義務などを理由に相続人全員の同意がなければ預金口座の取引記録を開示しないことが多いといわれています。

　解決方法に解説している最高裁判所の判決の、一審の東京地裁判決も『相続人といえども取引記録の開示を求める法定根拠はない』として開示請求を棄却（受理した訴訟について審理の結果、その理由がないとして請求などをしりぞけること）しています。

解決方法

　しかし、２審の東京高裁は『相続人は金融機関に預金残高だけでなく取引記録開示を求める権利がある』としています。

　また、上告審である平成21年１月22日の最高裁第１小法廷（涌井紀夫裁判長）では、『開示請求した相続人が相続で取得できる預金は一部にとどまるが、預金契約上の地位は全員が引き継いでいるので、開示を求める権利は単独でも行使できる』と指摘しました。

　したがって、あなたはこの最高裁の判決を示して、開示請求を拒否した金融機関と交渉してみたら良いと思います。

　だめな場合は、専門家の弁護士に相談なさると良いでしょう。

第1章　相続トラブル解決事例35

 5 弟は死亡した兄の遺留分侵害額請求権を承継できますか？

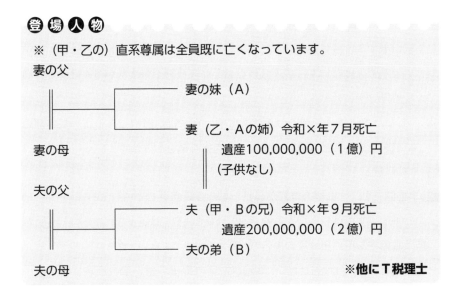

事例のあらまし

　子供のいない夫婦（甲・乙）の妻（乙）が先に死亡し、妻は全財産を妹（A）に遺贈していたがその数か月後に夫（甲）が死亡した場合、夫の弟（B）は遺留分の侵害額の請求（承継）はできるかどうかという問題。

T 「今日はどのようなご相談ですか」

B 「私には兄がいたんですけど今年の9月に亡くなったんですが、その2か月前に義理の姉も亡くなったんです。2人には子供がいませんでしたから乙の遺言がなければ甲とAが法定相続人ですよね」

T 「そうですね。甲（3／4）75,000,000円・A（1／4）25,000,000円が法定相続分ですね。でもどのように遺産分割してもいいですよ」

B 「ところがなんです」

T 「どうしたんですか」

B 「乙は全遺産を実の妹であるAに遺贈すると遺言していたんです」

T 「甲さんは遺留分の侵害額の請求をしなかったんですか」

B 「請求する前に、乙の死亡から2か月後に亡くなってしまったんですよ。私が甲に代わって遺留分の侵害額の請求をすることはできませんか。兄弟には遺留分はないから請求できないという弁護士先生もいるんですが、私は納得いきません」

T 「あなたは遺留分権利者の承継人ですから一定期間内なら遺留分侵害額の請求ができると私は思いますよ。専門家を紹介します」

B 「ありがとうございます。相談料はいくらですか」

T 「無料です。でも次の申告が必要と思われます」

②と④は条文上は申告できる規定（しないと決定又は更正される）。

① お兄さん甲の相続税の申告（お兄さん固有の遺産「2億円」）

② 義理の姉乙の相続に伴うお兄さん甲の遺留分侵害額の請求権確定額※（①の申告期限後に確定したと仮定した場合）の期限後申告（《期限後申告の特則》相法30①）を甲の法定相続人であるあなたが甲に代わってすることになると思われます。甲は配偶者なので相続税法19の2により結果として課税されませんが。

※ Bが形成権で行使したので甲は無関係という説もあるが、経済実体上甲の請求権を承継したのであるから甲の財産と著者は考える。

③ 妹Aは遺留分侵害額の支払額が確定したことを知った日の翌日から4月以内に更正の請求をしなければなりません（相法32①三）。

④ ①お兄さん甲の相続税の修正申告

遺留分侵害額の請求に基づき貰うべき金銭の額※が確定「※の財産増加」の修正申告（《修正申告の特則》相法31①）

※ 100,000,000×総体的遺留分１／２×【遺留分を有する】相続人の法定相続分１／１＝50,000,000円（堂薗幹一郎・神吉康二著「概説改正相続法」（(一社) 金融財政事情研究会）118頁）（民法1042①②）

T 「①②④は弊社に依頼いただけますか。③も紹介していただければ弊社で申告しますよ」

B 「もちろんです。貴重な情報をありがとうございました」

問題点

(1) **誤解されやすい民法の規定**

たしかに、第３章の(3)⑤で兄弟には遺留分がないと解説してありますが、これは兄である甲が遺言でＢ以外の者に遺贈すると書いてあった場合（兄弟であるＢは甲の受遺者に遺留分侵害額の請求をすることはできないということ）の規定であり今回の件とは異なります。

(2) **事実関係の確認**

今回は遺留分の侵害をされた夫甲が遺留分侵害額の請求をできる期間内に請求をしないで亡くなったケースです。

その遺留分侵害額の請求権を一定期間内ならその相続人であるＢさんは行使できるかという問題です。

解決方法

(1) **民法の規定**

・旧民法（～2019.6.30）（遺贈又は贈与の減殺請求）第1031条

　遺留分権利者及びその承継人は、…減殺を請求することができる。

・新民法（2019.7.1～）（遺留分侵害額の請求）第1046条

　遺留分権利者及びその承継人は、…遺留分侵害額に相当する金銭の支払を

請求することができる。

(2) 遺留分権利者の承継人の解説

前記(1)の承継人とは

① (遺留分権利者)の相続人

② (甲から遺言で遺贈された相続人以外の)包括受遺者

③ 相続分の譲受人等の包括承継人

④ 個別の遺留分権の譲受人などのような特定承継人

を含みます。

(3) 今回の事例

Bさんは前記(2)の①遺留分権利者(甲)の相続人ですから一定期間内に手続きをすると下記の金額の請求ができます。

100,000,000円×(総体的遺留分)1／2×【遺留分を有する】相続人の相続分(今回のケースは兄弟姉妹には遺留分がないので考慮しない)＝(個別的遺留分)50,000,000円

事例 6 後妻の相続に対して先妻の子は相続人ですか？

登場人物

後妻（以下G）（まだ健在）
　（母親のみ健在）
　　── 子供無し

夫（既に死亡・以下甲）
　　── 先妻との子供（以下S）

先妻　　　　　※他にT税理士

・相続開始はしていない

・『生さぬ仲』は仲が悪い代名詞に使われがちですが、GとSは仲が良い

・同じ家に同居している

事例のあらまし

G 「相続税のことで相談したいんですけど」

T 「どのようなご相談ですか？」

G 「私の夫は既に他界しているのですが、実は夫は再婚で先妻との間に子供Sがおり、私との間には子供はおりません。私に相続が開始した場合に相続人は誰になるのかを教えてください」

　「夫と結婚したとき私は夫の名字を名乗りました。それ以外の手続きは一切していませんが、私とSは親子（相続人）関係になっているのではないですか？」

T 「ぶしつけですが、あなたのご両親は健在ですか」

G 「91歳になる母親が故郷の山形におります」

> **問題点**

　残念ながらＳは相続権がありません。相続権があるのは第２順位のお母さん＝母親100％です（第３章(1)参照）。

> **解決方法**

(1) **養子縁組**

　① ＧとＳがまだ同じ名字の場合

　　今からでも遅くありません。Ｓを養子にするとあなたの子供となり相続権が発生します。しかし、母親の相続権はなくなります。

　② Ｓが先妻の名字を名乗っている場合

　　Ｓを養子にすると、Ｓはあなたの名字を名乗らなければならなくなります。相当抵抗があるでしょう。実現には困難を伴います。

　③ Ｓが婚姻により名字を変更（妻が夫の名字、夫が妻の名字）している間はＳはあなたの名字を名乗る必要がありません。

　　意外と知られていませんが便利な制度です（民法810）。

　④ (4)の③の、夫甲との婚姻期間（婚姻日【始期】～婚姻後民法728条《離婚等による姻族関係の終了》２項と「姻族関係終了届。戸籍法96条」の規定により姻族関係が終了【終期】するまでの期間）にＳと養子縁組をしている場合、相続税法上は実子とみなされます（相基通15－6）。

(2) **遺言書で遺贈**

　① 筆者の経験からいいますと血縁関係にない者を養子縁組することは多くの方が躊躇しますので、養子縁組できない場合は公正証書遺言でＳに遺贈することを推奨します。

　② ただし、養子縁組した場合と比較して相続税が２割増加します（相法18）。

(3) 特別縁故者に対する相続財産の分与

　遺言書がなく、又はあっても財産の一部のみの遺言の場合で相続人が不明の場合において、一定の期間内に相続人としての権利を主張する者がないときは、被相続人と生計を同じくしていた者（内縁の配偶者など）、被相続人の療養看護に努めた者その他被相続人と特別の縁故があった者が請求し、家庭裁判所が相当と認めるときは、これらの者は清算後残存すべき相続財産の全部又は一部をもらうことができます（民法958の2）。

(4) 相続税の小規模宅地等の減額特例の可否（他の要件は具備前提）

（養子縁組をしていない場合を想定）

① 小規模宅地等の減額特例の適用をする場合に、被相続人の親族が宅地等を取得した場合のみ適用を受けられる。

② 原則、Ｓは1親等の姻族に該当し親族です（民法725）。

③ しかし、夫が死亡した後、夫の親族との姻族関係を終了させる手続きをしていた場合は親族になりません（民法728②、戸籍法96）。

④ 上記(2)の遺言書で遺贈されている場合

　　Ｓは相続人ではありませんが、親族ですから該当する宅地等を遺贈（死因贈与を含みます。）で取得した場合、適用可能です。

⑤ 上記(3)の特別縁故者に対する相続財産の分与の場合

　　民法上、Ｓは相続財産法人から財産分与を受けることになりますが、相続税法上は被相続人から遺贈により取得したものとみなされることになります（相法4①）。

　　しかし、小規模宅地等の減額特例の規定は、租税特別措置法にありますが、「みなす遺贈」に適用するとは規定していません。

　　したがって適用できません。

各種事例　甲＝夫　G＝後妻　S＝先妻の子			判定
GはSと養子縁組している（1親等の血族）			相続人＆親族
夫と結婚しただけ	夫と死別	甲は生存している（1親等の姻族）	親族
		夫とはその後離婚している（民法728①）	親族でない
		死亡届出を提出のみ（1親等の姻族）	親族
		後妻が、甲の姻族との関係を終了させる手続をしている（民法728②）	親族でない

遺言書公開の場で遺言書を破いたら相続人の欠格事由に該当する？

※**他にT税理士**（Bは会社経営していてTと顧問契約締結）
K税理士（兄Aの顧問税理士、遺言書公開の場に立ち会い）

事例のあらまし

Ⓣ 「今日は何の税金のご相談ですか」

Ⓑ 「税金ではなく相続の相談です。兄にはK顧問税理士が付いていてそのK先生が相続税の申告を作成すると思いますが、私はそのK先生に依頼するつもりはありません。最終的には、私はT先生に相続税の申告をお願いすることになると思いますが」

「T先生も父のお通夜に参列してもらいましたが、その後兄の主導で遺言書の公開の場が設けられたんです。遺言の内容は兄90％、私10％となっていました」

Ⓣ 「それはすごい差ですね」

Ⓑ 「でしょう。私もカチンときてその場で遺言書を破り捨ててしまいましたよ」

Ⓣ 「また過激なことをやってしまいましたね」

B 「そしたら兄が、『おまえは相続人の欠格事由に該当し、遺言書に書かれていても遺産をもらえなくなってしまったんだよ。法律に書いてあるよ。私が100％相続することになるよね、ねえK先生』とあいづちを求めたら、K税理士は『たしか民法に規定してます』と答えたんです」
T 「必ずしもそうとはなりませんよ。遺言書の種類にもよりますよ」
B 「そうなんですか。詳しく教えてください」

【問題点】

(1) **相続人の欠格事由**（民法891条五号）➡代襲相続はある（民法887②）。

次に掲げる者は、相続人となることができない。

一〜四　省略

五　相続に関する被相続人の遺言書を偽造し、変造し、破棄し、又は隠匿した者

(2) **既定の趣旨**

被相続人の遺言に対して著しく不当な干渉行為を行った相続人に対し相続人となる資格を失わせるという民事制裁を課そうとする趣旨である（1981（昭和56）年4月3日／最高裁）。

(3) **破棄**

破棄とは、遺言の効力を消滅させるような行為のすべてである。

【解決方法】

(1) **従来の自筆証書遺言**

①　自筆証書遺言は、破棄したら内容の確認等が困難となり被相続人の遺言に対して著しく不当な干渉行為となり、相続人欠格事由に該当し、遺贈で

も貰えなくなります（民法965）。

② 遺言書が上記の場合、Bは相続人の欠格事由に該当し、相続人はおろか受遺者にもなれません。法定相続人が1人減少します。

③ しかし、Bには子供が3人いますから、3人（C・D・E）がBの代襲相続人となり、法定相続人が3人増加します（最終的に2人増加）。

④ 10％分は受遺者がいないことになり、未分割状態になりますね。兄とあなたの子供たちで遺産分割協議することになります。

⑤ 子供全員で遺留分侵害額の請求が可能ですね。

100％×1／2×1／2法定相続分＝25％（個別的遺留分合計）

25％－10％は遺産分割で子供均等相続と仮定＝15％

あなたの子供は各人15％÷3人＝5％づつ金銭請求可能です。

⑥ 上記③の効果を狙って意図的にBが破棄した場合、Bからの子供たちへの贈与と課税当局から認定される恐れがあります。

(2) 保管制度を利用した自筆証書遺言

2018（平成30）年7月6日に「法務局における遺言書の保管等に関する法律」（遺言書保管法）が成立し、2020（令和2）年7月10日より施行されることとなりました。

「何人も」法務大臣が指定する全国の法務局に遺言書の保管事実の有無を「遺言書保管事実証明書」の交付請求をすることで確認でき（同法10条）、相続人等を含む遺言書の関係者は遺言書の閲覧請求や「遺言書情報証明書」の交付請求ができることになりました（同法9条）。

この制度を利用した遺言書は、その真正が確保されるため、検認の手続は不要となりました（同法11条）。

したがって、破棄しても遺言の内容を再度確認することができるため、民法891条五号の破棄には該当しないと思われます。

(3) 公正証書遺言

　公正証書遺言は、原本は公証人役場に保管されます（公証人法施行規則26条1項）。公正証書遺言は、昭和64年1月1日以降いずれの公証人役場からでも遺言検索システムを利用して遺言書の存否等の調査をすることが可能です。

　したがって、破棄しても遺言の内容を再度確認することができるため、民法891条五号の破棄には該当しません。

(4) 最終判定

　上記(1)に該当した場合、Bは相続人にも受遺者にもなれませんが、代襲相続はあります。

　上記(2)(3)に該当した場合、遺留分の侵害額の請求ができます。

　100％×1／2（総体的遺留分）×法定相続分1／2＝25％（個別的遺留分）

　25％－遺贈分10％＝15％金銭請求可能

事例 8　父親の私たちへの愛情は3等分？

登場人物

先妻（母）（既に死亡）
├─ **長男**（以下長男S）
└─ 長女（以下長女T）

夫（父）（今回死亡・甲）
╠═ 子供無し
後妻（以下後妻A）

※他にT税理士

甲の遺産

❶15坪のマンションに夫婦甲Aが居住していた
　（時価2千万円）

❷長男S居住分土地等
　（時価5千万円）

❸預金8千万円

合計1億5千万円（時価）

事例のあらまし

S 「今回集まってもらったのはほかでもありません。父の遺産分割の話し合いの件です」
「どのように分割しますか？相続割合はどのようにしますか？」

A 「相続割合は私が50％、あなたたちが50％でしょう」
「法律はそうなっていますよね」

S 「確かに法律上はそうですが、相続割合を変更しませんか」

A 「私の友達の誰に聞いても私が50％と言っていますよ」

S 「でも父親の私たちに対する愛情は均等でしょう」

A 「確かに私たちに対する愛情は均等ですね」

S 「だったら均等（3等分）にしましょう」

A （しばし絶句…）

しかし、この発言で険悪な雰囲気は一変し、遺産分割協議の話がスムーズに進展し、次のように決定した。

遺産分割協議の内容　　　　　　　　　　（単位：円）

	時価評価合計	相続により取得した金額		
		後妻A	長男S	長女T
❶マンション	20,000,000	20,000,000		
❷S居住土地等	50,000,000		50,000,000	
❸預　　　金	80,000,000	40,000,000	20,000,000	20,000,000
相続財産合計（割合％）	150,000,000（100％）	60,000,000（40％）	70,000,000（46.7％）	20,000,000（13.3％）

（問題点）

　この事例はたまたま分割協議が成立したが後妻Aが納得しなかったら調停・審判になっていた可能性が高い案件です。

　しかし、調停・審判になった場合は費用が相当必要になり、また期間も長期間になり、1周忌・3回忌等の法要が後妻側と先妻の子供側で別々に行われる事例がかなりあります。

　何よりも夫（父）が草葉の陰で泣いていることでしょう。

　また、相続税の問題でも相当不利に取り扱われます。

　遺産が未分割の場合

① 　配偶者の相続税額の軽減規定が適用できません。

② 　小規模宅地等の減額（課税価格）の特例が適用できません。

③ 　農地の納税猶予の特例が適用できません。

④ 　その他

※ 　未成年者控除・障害者控除・相続税の取得費加算の規定は遺産が未分割でも適用できます。

解決方法

　普通50％を相続できる権利を持つ後妻Aの相続財産が、子どもよりも少ない額ならば、「調停・審判で戦う」と言うでしょう。だが、後妻Aはそこまで騒ぎたてることはなかったのです。

　その理由の一つに長男Sが考案した分割案の内容がありました。まず、2つの不動産をそれぞれ長男Sが戸建て住宅、後妻Aは（夫と居住していた）マンションとしたことです。

　不動産だけでいえば、戸建て住宅の方がマンションよりも評価が高くなります。

　だが、後妻Aは住み慣れたマンションの評価が低かろうと住み続けることの方がよかった（夫との思い出や近所に知人が多い。新居を探して引っ越すのも面倒である。）。

　その一方で現預金については、長男Sが2,000万円、後妻Aが4,000万円、すでに嫁いでいる長女Tが2,000万円にしました。

　60代後半の後妻Aは相続される財産総額よりも、愛着のある自宅マンションと4,000万円の現金があれば生活に困りません。

　一方、先妻の子供たちは本来ならば合計で50％しか相続できないにも関わらず、3等分だと66.67％ですが60％相続できたという満足感が達成できました。

　だからこそ、本来ならば調停・審判問題に発展するだろう分割方法に、後妻Aも納得したのでしょう。

　申告期限まで遺産分割協議が成立したため、配偶者の相続税額の軽減規定の適用も、小規模宅地等の特例の適用も受けたことは言うまでもありません。

　遺産分割協議が成立した直後の長男Sの言葉『本当に安心会計に相談してよかった！』

　なお、事例28（配偶者居住権）も参照してください。

事例 9 バツイチ同士の再婚で連れ子同士は母との関係では兄弟？

```
前妻
  ├── 前妻の子Ａ
夫（父）以下甲（既に死亡）
  ├── 子供無し
妻（母）以下乙（今回死亡）
  ├── 前夫との子供（以下前夫の子Ｂ）
前夫
```

※他にＴ税理士

事例のあらまし

Ａ 「前回父が亡くなったときに相続税申告をしていただいてありがとうございました。税務調査もなく喜んでいます」
「あのときは遺産分割協議でほとんど母に相続させ、私とＢは一部だけ相続しましたが、実は母が今回亡くなったんです」

Ｔ 「そうだったんですか。ご愁傷様です。確か91歳ですね」

Ａ 「今回も相続税の申告をお願いします」

Ｂ 「私からもお願いします」

Ｔ 「分かりました」

法定相続人を特定するために戸籍謄本等を収集した結果、意外な事実が判明

Ｔ 「大変なことが分かりました。今回の母の相続では、あなた（前妻の子Ａ）

に相続権はありませんよ」
A 「そんな馬鹿な。なんかの間違いでしょう。父の時は私も前夫の子Bも相続権があって現実に相続したんですよ」
T 「間違いではなく、相続人は前夫の子B1人です」
「遺言書がないので分割協議の必要もなく全財産前夫の子Bのものです」

(問題点)

「なぜ。お父さんのときは相続権があったのに…」前妻の子Aは理由がわかりませんでした。

実は、乙（母）が再婚したときに乙の実子である前夫の子Bは、甲（後夫）と養子縁組をしましたが、甲（後夫）の連れ子である前妻の子Aは、乙（母）と養子縁組していなかったのです。

乙（母）の財産の大半が甲（後夫）から相続した財産。

前妻の子Aは納得がいかなかった。だが、もはや後の祭り。ときどきこういうケースはあります。

母親の子は名字が違うと、世間体からも問題があるので、父親の方と養子縁組をします。ただ、父親の連れ子は一見、名字も変わらないので母親と養子縁組し忘れてしまうケース（または養子縁組したと誤解しているケース）もあるのです。

お互いの子が養子縁組しておかないと、それぞれの子どもたちが相続権を得ることができなくなるので、注意が必要です。

(解決方法)

残念ながら乙（母）が亡くなった後はありません。

しかし、事例19を参照してください。

生前に相続対策をする場合は下記のとおりです。

(1) 生前に乙に養子縁組を交渉
　① 乙とあなた（前妻の子A）の名字が同じ場合、問題ありません。
　② 名字が違う場合
　　❶ あなたが名字の変更をいやがる場合は、養子縁組できません。
　　❷ しかし、あなたが婚姻により名字を変更している場合は、養子縁組しても養親である乙の名字に変更する必要はありません（民法810）。事例12の「解決方法」に詳細解説しています。

(2) 遺言書を書いてもらう。
　養子縁組ができない場合は、遺言書を書いてもらってください。

第1章 相続トラブル解決事例35

事例 10 自宅の売却代金で兄が弟に代償金を支払います。代償分割、それとも換価分割ですか？

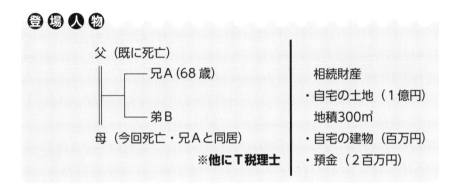

登場人物

父（既に死亡）
├─ 兄A（68歳）
└─ 弟B
母（今回死亡・兄Aと同居）
※他にT税理士

相続財産
・自宅の土地（1億円）
　地積300㎡
・自宅の建物（百万円）
・預金（2百万円）

事例のあらまし

Ⓐ「今回母が亡くなりまして相続税の相談をしたいんですが」

Ⓣ「相続財産はどのくらいありますか」

Ⓐ「財産といえるのは自宅の土地（時価で1億円程度）だけなんですが、弟Bも3千万円程度欲しいと要求しています」
「自己資金はせいぜい5百万円程度で、銀行から借りて支払うのもこの歳ではしたくありません」

Ⓣ「どのように遺産分割する予定ですか？」

Ⓐ「遺産分割協議では、自宅の土地建物を私が全部相続して弟Bが預金（2百万円）を相続し、1周忌が済んでから自宅を売却して、その中から代償金として売却代金の30％（3千万円）を支払うような文言にしたいと考えています」

Ⓣ「遺産分割協議書の文言を注意しないと大変なことになりますよ」

Ⓐ「どういうことですか」

T 「小規模宅地等の減額特例と、譲渡所得の申告税額に大幅な差が出ることが考えられます」

(問題点)

① 「譲渡代金の30％を代償金として支払う」とした場合には、申告期限時点で代償金の額が定まっていませんので、相続税の計算上代償債務（兄Ａ）と代償債権（弟Ｂ）の金額が分かりませんから、相続税の総額は確定していますが各人の納付税額が確定していませんから代償分割としては申告できません。

② 仮に、申告期限前に１億円で譲渡する契約をしていて、１周忌が過ぎてから引き渡しする場合は、３千万円を代償債務等とすることは可能ですが、別の問題が発生します。

※ 相続開始10月以内に譲渡及び引き渡しをしたら小規模宅地等の特例を受けることもできません。最悪の状態になります。

③ つまり、譲渡代金の割合で遺産分割した場合、遺産分割協議書上は「代償金を支払うとあるので、形式上は代償分割と思われがちですが」実質的には「換価分割」です。

④ 本来ならば母と同居していた兄Ａが自宅の土地を相続し、相続税の申告期限まで居住及び保有を継続すると、相続税の計算上本来の評価額の80％分減額できる特例（評価額１億円と仮定すると、８千万円減額できます。）を適用できます。

⑤ しかし、「換価分割」ですと、弟Ｂが相続した（30％）分は減額ができません（３千万円×80％＝２千４百万円減額なし）。

譲渡の申告も兄Ａと弟Ｂがそれぞれ申告が必要となり、弟Ｂは居住用財産の譲渡特例（３千万円控除等）を受けられず、二重の意味で税務上不利になります。『代償分割と換価分割』第３章(6)参照。

第 1 章　相続トラブル解決事例35

解決方法

「分割協議をしてから●●月以内に現金にて 3 千万円を支払う」とした方がいいです。この文言だと『代償分割』であり、自宅の宅地等に『小規模宅地等の特例』を受けられますし、自宅の土地建物全部に『居住用財産の譲渡特例（3 千万円控除等）』を受けられます。

※　ただし、代償金が 5 千万円（50％）以上だと遺産分割協議に錯誤の可能性があります（兄が弟より手取り金額が少ないのは異常）。

　　　　　　　　　　　（譲渡税）　　（代償金）　　（手取金）
兄　100,000,000円 − 仮10,000,000円 − 50,000,000円 = 40,000,000円
弟　　　　　　　　　　　　　　　　50,000,000円 = 50,000,000円

事例 11 半血兄弟姉妹の相続分は均等ですか？

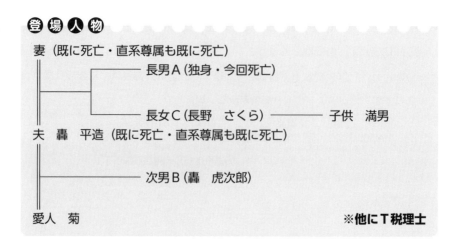

事例のあらまし

C 「私の長兄Aが1か月前に死亡したので、相続税のことで相談したいんですけど。長兄Aは独身で子供もいません。財産は預金で6千万円ありました」

T 「お兄さんの親族関係を教えてください」上記参照

C 「父も母も既に他界しており、その上もももういません。でも一人、母が異なりますが次兄B虎次郎がおります」

「友達から平成25年12月の民法改正で、嫡出子（婚内子）と非嫡出子（婚外子）の相続分は差がなくなったと聞いたんですが」

「それならばわたしと虎次郎お兄ちゃんは同じなんですね」

T 「平成25年12月民法改正は、亡くなった方が親で相続人が子供の場合です。今回は兄弟姉妹が相続人ですから民法第900条四号適用です。改正はありません」

「あなたが4千万円、お兄さんが2千万円の法定相続分です」

C 「そのとおりに分けなくてはいけないんですか？そのとおりに分割しないと贈与税の課税の問題が発生するという税理士もいました」

T 「私も税理士会の懇親会で税務署のOB税理士で法人専門の方が真顔で私に話しかけられたことがありますが完全に間違いです。

相続人全員の協議でどのように分割してもいいですよ。遺産分割協議はまだ相続及び相続税の世界の話ですよ。正式に遺産分割したものを再度分割をすると、原則、贈与及び贈与税の世界に入りますけれどね」**(事例17を参照してください。)**

C 「よかった。均等に分けたいと思います」

T 「ところで今日はどうしてお兄さんは来られなかったんですか？」

C 「私の子供である満男が小学1年生になった4月に、突然、葛飾柴又に帰省し、おもちゃのピアノをお祝いにくれたのが最後で音信不通です。満男は現在中学生です」

(問題点)

(1) 相続分

　親の財産を子供が相続するときは、嫡出子（婚内子）と非嫡出子（婚外子）の相続分は差がありませんが、兄弟姉妹の財産を相続するときの法定相続分は「父母の一方のみを同じくする兄弟姉妹の相続分は、父母の双方を同じくする兄弟姉妹の相続分の1／2とする（民法900条四号）。」と規定し、変更されていません。

　この事例に読み変えると「死亡した長兄と、父のみを同じくする虎次郎兄さんは、父母を同じくするさくらの1／2」です。

　遺産分割協議が整わなければさくら4千万円、虎次郎2千万円となります。

(2) 遺産分割協議の可能性

虎次郎兄さんは、数年間（6年〜8年）音信不通ということですから、2人での遺産分割協議はできません。

相続税の申告書の提出期限は、相続開始を知った日の翌日から起算して10か月を経過する日となっていますから、虎次郎は長兄の死亡したことを知らなければ、相続税の申告書を提出する義務はありません。

しかし、さくらは相続開始を知った日の翌日から起算して10か月を経過する日までに相続税の申告をしなければなりません。

解決方法

(1) 相続分

法定相続分は、さくら4千万円、虎次郎2千万円となります。しかし、2人でどのように分けるか協議するのは自由です。100％と0％でも、0％と100％でも、各50％でも自由です。

上記のように分割しても贈与税が課税されることはありません。

しかし、いったん分割協議した後、再分割協議をした場合、原則として贈与税が課税されます。

(2) 遺産分割協議の可能性

【満男が中学3年生の場合…行方不明となってから8年間経過している】

民法30条（失踪の宣告）

① 不在者の生死が7年間明らかでないときは、家庭裁判所は、利害関係人の請求により、失踪の宣告をすることができます。

② 省略

民法31条（失踪の宣告の効力）

前条1項の規定により失踪の宣告を受けた者は同項の期間が満了した時に死

亡したものとみなされます。

　つまり、虎次郎兄さんは行方不明8年間経過していますので、上記の『失踪の宣告』を家庭裁判所にしてもらえば、満男が中学2年生の春に虎次郎兄さんは死亡したものとみなされます。

　そうしますと、長兄の死亡日（相談日の1か月前）以前に虎次郎兄さんは死亡したものとみなされています（直系卑属なし）ので、長兄の法定相続人は長女C（さくら）のみとなり、遺産分割協議は必要ありません。遺産のすべてはさくらが相続することになります。

【満男が中学1年生の場合…行方不明となってから6年間しか経過していない】
　虎次郎兄さんは行方不明となってから6年間しか経過していませんので、民法31条の『失踪の宣告』を家庭裁判所にしてもらえません。
　しかし、民法に下記の規定があります。
　民法25条（不在者の財産の管理）第1項　抜粋
　従来の住所を去った者がその財産の管理人（不在者財産管理人）を置かなかったときは、家庭裁判所は利害関係人の請求により、その財産の管理について必要な処分を命ずることができます。
　つまり、さくらが利害関係人として、家庭裁判所に「不在者財産管理人」の選任を請求することができます。
　そして、「不在者財産管理人」は裁判所の許可を得て遺産分割の協議に参加することができます（民法28、103）。
　「不在者財産管理人」の選任を請求しない場合は、相続財産は未分割の状態ですから、さくらのみで民法上の法定相続分（2／3）により相続税の申告をしなければなりません。

事例 ⑫ 結婚している甥や姪を私の養子にしたいのですが、名字の変更は必ずしなければいけないのですか？

名字＝氏

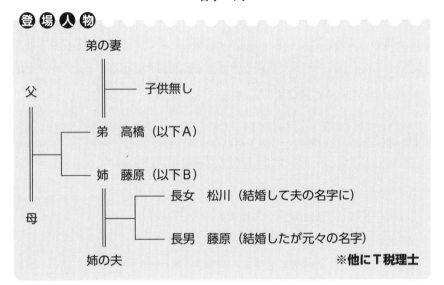

登場人物

父
　　弟の妻
　　　━━ 子供無し
　弟　高橋（以下A）
　姉　藤原（以下B）
　　　━━ 長女　松川（結婚して夫の名字に）
　　　━━ 長男　藤原（結婚したが元々の名字）
母
姉の夫
※他にT税理士

事例のあらまし

A「相続税の対策のことで相談したいんですけど、私達夫婦には子供がおりません。父母も祖父母も既に他界していて、私に相続が発生すると、妻と姉が法定相続人になりますが、姪と甥を養子縁組すると相続税の節税になりますか？」

T「法定相続人が2名から3名になりますので節税になりますね。でもあなたは『高橋』ですが、お姉さんの名字は何ですか？」

A「姉は『藤原』で、姪は『松川』で、甥は『藤原』のままです」
「2人とも『高橋』に名字を変更することには抵抗があるので養子縁組ができません。なにか良い方法がないでしょうか？」

第1章　相続トラブル解決事例35

T　「甥御さんはだめですけど、姪御さんがあなたと縁組をしても『松川』から『高橋』に名字を変更する必要はありません」

問題点

　甥御さんは『藤原』から『高橋』に名字の変更が必要です。

　しかも甥御さんは結婚していますから、この場合の名字の変更は、婚姻の際に定めた夫婦の名字の変更ですから、その効果は当然に養子である甥御さんの妻に及ぶことになります（民法810）。

解決方法

　姪御さんは、婚姻の際に名字を変更していますので婚姻の際定めた名字を称すべき間は養親（あなた）の名字を名乗る必要はありません。

　しかし、離婚又は婚姻の取消があると、一旦観念的に婚姻前の名字に復し（民法749、767、771）、これと同時に民法810条本文の適用により直ちに養親の名字を称することになります。

　また、婚姻中の名字を継続する届け出（民法749、767②）をすることもできます。

　配偶者が死亡しても名字には変更がありませんが、元の名字に戻る手続きをしますと、婚姻前の名字に戻る（復氏）とともに直ちに養親の名字を称することになります（民法751）。

事例 ⑬ 法定相続分での共有登記は、遺産分割ですか？

登場人物

父（昭和38年死亡）年齢は当時（昭和55年までの法定相続分）
- 長女子供A（17歳）　　　　　2/3×1/3＝2/9
- 長男子供B（15歳）農業経営　2/3×1/3＝2/9
- 次男子供C（12歳）　　　　　2/3×1/3＝2/9

母　　　　　　　　　　　　法定相続分1/3＝3/9

不動産の登記簿謄本⇨全部事項証明書を見ると、昭和38年に法定相続人全員で法定相続分で共有登記をしています。

なぜこんな登記をしたかを母に聞いても30年以上前のことで覚えていない状態です。

・山形県村山税務署資産税課職員T氏 **（以下M）**

平成8年はAは専業主婦で、Bと母は農業を経営しています。

（平成8年3月村山税務署でのT氏との会話。多少の脚色あり）

事例のあらまし　※子供Cは現在税理士です。

B 「相続税のことで相談があるんですが」

M 「どのようなことでしょうか？」

B （最初に『上記の内容を説明し』）「農業委員会に聞いたんですが、私が姉Aと弟Cから農地を贈与されても贈与税が課税されないと聞いたんですが。大丈夫ですよね？」

「弟のCは（Mには弟Cは税理士とは名乗っていません）はだめだと言うんですが」

M 「だめです。贈与税が課税されます」

Ⓑ 「町役場の農業委員会の者が課税されないと言ったんですが」
Ⓜ 「農業委員会の者がどう言おうと、贈与税が課税されます」
Ⓒ 「だから言ったでしょう。贈与税が課税されるんだよ」
Ⓑ （…沈黙）【Ｂは、Ｃより農業委員会の方を信用していた】

今までＭと一切議論していなかったＣが、独自の理論でＭに矢継ぎ早に質問をし始めた。

Ⓒ 「昭和38年に法定相続人が法定相続分で共有登記をしているということは、『保存行為』と考えられませんか」

「保存行為なら、今から遺産分割協議をすれば贈与税の世界ではなく、相続税の世界でしょう」

「７年以上過ぎていますから相続税の時効ですし、元々我が家は相続税が課税されるほど財産はありませんよ」

Ⓜ 「だめです。相続登記した後に再度遺産分割協議をした場合は贈与税等の世界です。『相続税法基本通達』というのがあって、そこに規定していますよ」

Ⓒ 「そんなことは知っていますよ。相基通19の２−８でしょう。でもそれは正式に遺産分割した後に再分配した場合を想定して規定しているんですよ」

「逐条解説には当初の遺産分割が『無効』または『取消できる場合』はまだ相続税の世界の話であると解説していますよ」

「昭和38年当時は子供達が全員未成年者のため、相続登記を依頼された当時の司法書士が全員に法定代理人を立てる手間と費用を考えて、保存行為として相続登記したものと推察されます」

「つまり『無効』または『取消できる場合』以前の問題であり、遺産分割協議自体が行われていないことが相続登記当時の申請書類で判明してますよ」

「したがって、これから法定相続人全員で遺産分割をした場合、初めての

遺産分割であり、贈与税の課税の問題は起こりません」

M　(沈黙…)

税務相談窓口から離席し、自分の机に戻り誰か（仙台国税局又は資産税に詳しい税務職員？）に電話で相談し始める。

15分程度経過して税務相談窓口に戻り回答した。

「結構でございます。贈与税は課税されません」

問題点

相続に関する登記手続きにおける登記の「原因」

相続に関係する登記手続きでは、相続する方法によって登記する時の登記「原因」が異なります。

① 法定相続人が法定相続分で共有登記している場合（１種の保存行為の可能性があります）

　登記の「原因」：○○年○○月○○日相続「相続」の日付は、被相続人の死亡の日

② 法定相続による登記前に、遺産分割が成立した場合

　登記の「原因」：○○年○○月○○日相続「相続」の日付は、被相続人の死亡の日

③ 法定相続による登記をした後に、遺産分割が成立した場合

　登記の「原因」：○○年○○月○○日遺産分割「遺産分割」の日付は、遺産分割の成立日

※ 『相続』の登記があった後『遺産分割』の登記があった場合は、正式な遺産分割と考える。

※ 『相続』の登記があり、法定相続人が法定相続分で共有登記していない場合も同上

解決方法

　『相続』の登記があり法定相続人が法定相続分で共有登記している場合、単なる保存行為である可能性があり、遺産分割協議をしていないのであればこれから正式に遺産分割協議をしてその登記をすることができます。贈与税ではなく相続税の世界です。

　詳しくは専門家である司法書士に依頼し、確認してください。

事例 ⑭ 税務調査で指摘された孫名義の預金は孫のものですか？

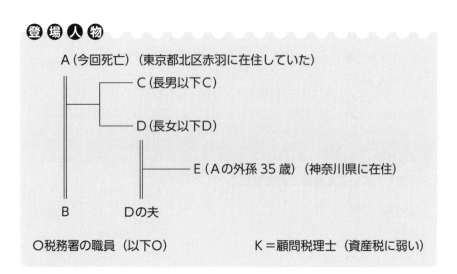

事例のあらまし

　Aは相当な資産家であり、遺言書もないことから法定相続人の間（B・C・D）で遺産分割協議をし、相続開始後10か月以内に無事に相続税の申告書を提出し納税も済ませました。

　その後、O税務署から税務調査をしたい旨の連絡を電話で受けて、税務調査当日の会話です。

O 「今日は相続税の調査でお伺いしました。午後4時半頃までかかるかもしれませんがよろしくお願いします」

C 「わかりました。お手やわらかにお願いします」

K （…無言）

…午前中は被相続人の経歴や趣味などを尋ねて12時で終了

…午後1時から税務調査を再開した。

O「Aさんと家族の預金通帳を見せて頂けませんか？」

C「はい。これだけです」と言って通帳を提示しました。

O「○×銀行赤羽支店に外孫であるEさん名義の2千万円の預金がありますよね。その通帳と印鑑は誰が管理していたんですか」

C「亡くなったAですけど、それがどうかしたんですか？」

O「それだとその2千万円は名義預金といって遺産に含まれますよ」

C「何を言っているんですか。父（A）は毎年正月に2百万円ずつEに贈与していて、贈与税も9万円（2,000,000 − 1,100,000 = 900,000）（900,000 × 10% = 90,000円)」を翌年の3月15日までに申告も納税もしていますよ」

「こちらにいるK税理士が指導してくれたんですよ。そうですね」

K「そうです」

O「Eはこの預金の存在は知っていますか」

C「知らないはずです」

O「贈与税の納税資金は誰が出していたんですか？」

C「Aです」

O「それではやはり実質Aの預金ですね。2千万円を加算した相続税の修正申告書を出すことを勧奨します」

「上積み税率が50%ですから1千万円の相続税が増加し、他に過少申告加算税百万円・延滞税約24万円、計**11,240,000円**の納税をお願いすることになりますよ」

C「先生なんとか言ってくださいよ」

K「贈与税の申告と納税を10年間もしているんですよ。おかしいじゃないですか。国は90万円の贈与税を受取っているんですよ。贈与は成立しているでしょう」

O「贈与税を10年間納税していることと贈与が成立しているかどうかは別の

問題です」(2007（平成19）年6月26日／国税不服審判所裁決）
C 「すでに納税した贈与税はどうなるんですか」
O 「管理徴収部門と相談してみますが、時効が到来していない部分は還付しますが、時効が完成した分は還付できません。還付される分（未収還付金）と名義預金である2千万円とを加算した相続税の修正申告書を出すことを勧奨します」
C 「K先生が指導したのにどうしてくれるんですか？」

問題点

(1) 民法上の贈与

　A（祖父）がE（外孫）に毎年2百万円ずつ贈与していたとのことですが、法律上「贈与は、当事者の一方がある財産を無償で相手方に与える意思を表示し、相手方が受諾をすることによって、その効力を生ずる」と規定しています（民法549）。

(2) 設問の場合

　① 銀行の支店がE在住の神奈川県ではなく、Aの近くの赤羽支店
　② 通帳と印鑑はAが管理していた。
　③ 贈与税もAが支払っていた（負担した贈与税は無申告状態）。
　④ Eは贈与された事実を知らないらしい。
　以上を総合判断すると贈与の事実はなく、名義預金となります。
　特に④で致命傷です。

解決方法

① AとEは贈与契約書を作成し、自署し実印を捺印してください。
② できれば銀行の支店をE在住の神奈川県にしてください。絶対ではありま

せん。

③　通帳と印鑑はEが管理してください。

　　Eが時々カード等で引出し、費消していたらベターです。

④　贈与税は当然にEが支払ってください。

　以上①～④の要件を全てをクリアすると完璧に名義預金とはいわれません（一部の要件しかクリアしなくても議論はできます。）。

★孫が未成年者（18歳未満）である場合は次のようになります。
・祖父母が未成年である孫に単純贈与（通帳は親が管理している。）
・①孫は受贈の事実を知らない（0歳～17歳）。
　※　親権者（通常は両親。例外あり。）は受贈に同意している。
・②孫は受贈の意思を書類等で表明している（7歳程度～17歳）。

0歳～6歳程度 意思能力がない	7歳程度～17歳 意思能力が備わる（山野目章夫ほか「新注釈民法(1)」（有斐閣）380頁）孫が単独で単純贈与契約を締結できる
親権者は同意している	単純贈与は必ずしも左記の同意不要

※　2007（平成19）年6月26日非公表裁決 TAINS：F0-3-218〔裁決要旨〕

　贈与契約は諾成契約であるため、贈与者と受贈者において贈与する意思と受贈する意思の合致が必要となる（民法549）が、親権者から未成年の子に対して贈与する場合には、利益相反行為に該当しないことから親権者が受諾すれば契約は成立し、未成年の子が贈与の事実を知っていたかどうかにかかわらず、贈与契約は成立すると解される【祖父母から未成年者である孫への贈与も、親権者が受諾している場合は同じです。】。

事例 15 祖母が孫を養子にし遺言書では長男に全部相続させるとあります。遺留分侵害額の請求はできますか？

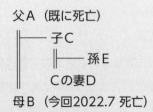

父A（既に死亡）
├─ 子C
│   ├─ 孫E
│   Cの妻D
母B（今回2022.7 死亡）

数年前にBは、Eを養子縁組していました。しかし、その後作成した遺言書に「財産はすべてCに相続させる」とありました。
母の相続財産　　時価４億円（Cに遺贈）

※他にT税理士

(事例のあらまし)

C 「相続税のことでご相談に上がりました」
「母（B）は私の子供であるEを養子にしておきながら、遺言書を開封してみたら全部私に相続させると書いてあったんですよ」

T 「相続税法63条に『不当減少養子』を否認する規定がありますから多少問題ですね。現実には否認された判決は私の知る限りありませんが」「つまり、孫を養子にしておきながら、遺産を全然遺言で相続させないというのは、『相続税を減らすためだけに単に法定相続人を１人増やしたのではないか』とされ、税務署長の権限で相続税法上は養子の数に算入しないことができる規定です」

「『実子がいる場合は養子は１人までしか認めない』という規定とは違いま

すよ」
Ｅ 「祖母は私を養子にしておきながら、全然私に遺産を相続させないなんて不満です」
Ｔ 「父Ｃに『遺留分の侵害額の請求』をする意思はありますか」
Ｅ 「そんなことができるんですか。できるならやりたいですよ」
Ｔ 「あなたの遺留分は25％ですから１億円請求できます」
　　４億円×総体的遺留分1/2×法定相続分1/2＝１億円

問題点

　遺留分の侵害額の請求権（Ｅからは金銭のみの請求）は、遺留分権利者が、相続の開始及び遺留分を侵害する贈与又は遺贈があったことを知った時から１年間行使しないときは、時効によって消滅し相続開始の時から10年を経過したときも、消滅します（民法1048）。

解決方法

(1)　民法上

　１年以内に『遺留分の侵害額の請求』を内容証明など証拠の残るもので行ってください。訴訟する必要はありません。

　４億円の25％＝１億円分の現金を取得することができます。

　（注）遺留分の侵害額の請求ではなく、子Ｃが遺贈の放棄（包括遺贈なら期間制限あり）をして孫Ｅと遺産分割協議をすることも可。2019.06.30までの相続は遺留分の減殺請求（共有状態に戻る）で、2019.07.01からの相続は遺留分の侵害額の請求（請求する者は金銭のみでの請求しかできません。）に変更されました（民法1046）。

　しかし、遺留分侵害者（Ｃ）と遺留分権利者（Ｅ）の協議で下記の財産で代物弁済することもできます（民法482）。

① 遺留分侵害者の固有財産の提供（Cは譲渡となります。）
② 遺留分侵害者の相続財産の提供（Cは譲渡となります。）

(2) **相続税法上**

① 相続税の申告期限までに『遺留分侵害額の請求に基づき支払うべき金銭の額が確定した』場合は、その結果を反映した相続税の期限内申告書を提出できます。

② 申告期限後に『遺留分侵害額の請求に基づき支払うべき金銭の額が確定した』場合は、Cは確定したときから4か月以内に相続税額を減少させる請求（更正の請求）を税務署に行ってください（相法32①三）。

③ Eは相続税の期限後申告書を提出してください（相法30）。

事例 16 父の死亡で母親と同居約束で長男が財産を大半相続しました。債務不履行時は法定解除できますか？

登場人物

父（今回死亡）
　　　兄Ａの妻（以下Ｄ）
　　　‖
　　─ 兄Ａ（以下Ａ）　（母と同居約束で財産の80％相続）
　　─ 弟Ｂ（以下Ｂ）　（10％相続）
　　─ 妹Ｃ（以下Ｃ）　（10％相続）
母（０％相続）

母は父の死亡後、ＡとＤと同居していたが、１年以内にＤと折り合いが悪くなり、現在は娘のＣと同居しています。

事例のあらまし

Ｂ　「Ａ（兄貴）夫婦が母と同居することを前提して遺産分割協議をしたんだけれど、１年も経たないうちにその約束を反故にするなんてひどいよ。Ｃ（妹）も怒っているよ」

「前にした遺産分割協議は、『債務不履行（民法541）』だから再度遺産分割をしようよ。これは私とＣ（妹）の共通した意見だよ」

Ａ　「私も当初はそのつもりでいたんだが、お袋と女房が事ある毎に意見が対立して、私も閉口していたんだよ」

「そのうちお袋が妹Ｃの家に住むと突然言い出したんだよ。しかたないだろう」

Ｂ　「だから再度遺産分割協議をしようよ」

A 「なにいってんだい。当初は約束を守ったんじゃないか」
「後発的に起こったことなんだからしょうがないよ」
「私に落ち度はないから再度の遺産分割協議には応じられないよ」
B 「だったら『債務不履行』による『法定解除権』を行使するよ」

問題点

債務不履行による法定解除

　分割協議において相続人の１人が遺産を取得する代わりに、他の相続人に対し債務を負担することがあります（代償分割）。

　この代償債務の不履行があったときに、他の相続人は債務不履行を理由に分割協議そのものを解除できるかが設問の趣旨です。

　最高裁判所の平成元年２月９日判決は、親を扶養するという債務の不履行が問題となった事案につき、

① 遺産分割はその性質上協議の成立とともに終了し、
② その後は債務を負担した相続人と、債権を取得した相続人の間で債権債務関係が残るだけと解すべきであること、
③ 遡及効を有する再度の遺産分割を余儀なくすると、法的安定性が著しく害されることを理由に、
④ 分割協議の（民法541による法定）解除を否定しています。

解決方法

　残念ながらありません。
　しかし、次の事例17をご覧ください。

事例 17 父の死亡で母親と同居約束で長男が財産を大半相続しました。債務不履行時は合意解除できますか？

父（今回死亡）
　　　　兄Aの妻（以下D）
　　　　‖
　├─ 兄A（以下A）（母と同居約束で財産の80％相続）
　├─ 弟B（以下B）（10％相続）
　└─ 妹C（以下C）（10％相続）
母（0％相続）

母は父の死亡後、AとDと同居していたが、1年以内にDと折り合いが悪くなり、現在は娘Cと同居しています。

事例のあらまし

B「A（兄貴）夫婦が母と同居することを前提して遺産分割協議をしたんだけれど、1年も経たないうちにその約束を反故にするなんてひどいよ。C（妹）も怒っているよ」

「前にした遺産分割協議は、『債務不履行（民法541）』だから再度遺産分割をしようよ。これは私とC（妹）の共通した意見だよ」

A「私も当初はそのつもりでいたんだが、お袋と女房が事ある毎に意見が対立して、私も閉口していたんだよ」

「そのうちお袋がCの家に住むと突然言い出したんだよ。しかたないだろう」

B「だから再度遺産分割協議をしようよ」

ここまでは前の事例（16）と同じ会話です。

A「そうだね。遺産分割協議のやり直しをしてもいいよ」
B「ありがとう。同じ親から生まれた兄弟だから仲良くしようよ。兄弟仲良くするのが1番の親孝行だよ。Cにメールしておくよ」

問題点

(1) 民法上『合意解除』はOK

　最高裁判所平成2年9月27日判決は、共同相続人の全員が既に成立している遺産分割協議の全部又は一部を合意により解除した上、改めて遺産分割協議をなしうることは、妨げられるものではないと述べています。

(2) 税法上『合意解除』は原則NO

① 当初の遺産分割協議により共同相続人又は包括受遺者に分属した財産を**分割のやり直しとして再配分した場合**には、その再配分により取得した財産は分割協議により取得したものとはなりません（相基通19の2－8）。

② 一般的には、共同相続人間の自由な意思に基づく贈与又は交換等を意図して行われるものであることから、その意思に従って贈与又は交換等その態様に応じて贈与税又は譲渡所得税等の課税関係が生ずることとなります（相続税法基本通達逐条解説）。

解決方法

「相続税法基本通達逐条解説」（大蔵財務協会）通達起案者又は後任者の解説（19の2－8）

① 上記②の後に「もっとも、共同相続人間の意思に従いその態様に応じた課税を行う以上、当初の遺産分割協議後に生じたやむを得ない事情によって当該遺産分割協議が**合意解除**された場合などについては、合意解除に至った諸事情から贈与又は交換の有無について総合的に判断する必要がある」という

解説があります。

「　」分は2006（平成18）年出版分に追加されました。

最新版にも同様の記述があります（大変重要な追加です）。

国税庁がこのような解説を追加したということは、ケースによっては遺産分割協議のやり直しを、税法上も贈与税等ではなく相続税の世界で認める方向に舵を切ったと筆者は理解しました。

民法上は合意解除を認めていますが、税法が合意解除のすべてを認めたら、租税回避や脱税に利用されることになりますから、合意解除に至った諸事情や、納税額に大幅な変動がない場合等の限定的事例に認めるのではないでしょうか。

② また、当初の遺産分割による財産の取得について**無効又は取消し得べき原因**がある場合には、財産の帰属そのものに問題があるので、これについての分割のやり直しはまだ遺産の分割の範疇として考えるべきです。

「遺産分割の無効」　ある法律行為が無効である場合にはその法律行為は当初から当然に効力を生じません。

分割が無効の例

① 共同相続人を除外して行った分割、すなわち、遺産分割当時に存在していた共同相続人を除外して行った分割は常に無効である。共同相続人が分割当時に行方不明（失踪宣告は受けていない場合）で生死不明であったが、その後出現した場合も同様と考えられる。

② 包括受遺者を遺産分割に参加させない場合は無効です。

　　すなわち、包括受遺者は相続人と同じ法律上の地位を有するものですから、この者を除外した分割は無効です。

「遺産分割の取消」　取消し得べき行為は、取消権者の主張により初めて最初から効力を生じなかったことになる。

分割の取消しの例
① 共同相続人の一部の者が他の共同相続人に対して詐欺（例えば、遺産の一部を隠したり遺産の評価額をごまかす）をし、これに基づいて遺産分割が成立したり、
② 他の共同相続人に対し強迫を行って有利な遺産分割協議を行った場合などは、被害者である共同相続人は遺産分割協議における意思表示を取り消すことができる。

事例 18　非行の著しい次男を推定相続人から廃除できますか？

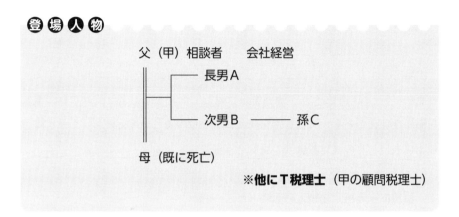

事例のあらまし

- Ⓣ「今回はどのようなご相談ですか」
- 甲「会社の税金のことではなくて、家族の件です。恥ずかしい話ですが次男の素行の件で悩んでいます」
- Ⓣ「長男Aさんは会社の承継者なのでよく存じ上げていますが、次男の方とはお目にかかったことがないのでよくわかりませんが」
- 甲「俗に言う賢兄愚弟なんです。長男は私の会社を手伝いながら、学資を稼いで夜間大学を卒業したんですが、次男Bは高校を中退し、悪い仲間と遊びほうけて、家に寄りつきません。帰ってきたときは金の無心です。親に暴言を吐いたり、時には暴力も振るいます」
- Ⓣ「それは大変ですね。どうしたいんですか」
- 甲「Bを勘当したいんですが」
- Ⓣ「時代劇ではよく『おまえなんか勘当だ、いますぐこの家から出て行け』などと言いますけど、今は勘当という制度はありませんよ」

甲 「要はBあいつに財産をあげたくないんです」
T 「だったら『推定相続人の廃除』という制度を利用したらいかがですか」

問題点

(1) **推定相続人の廃除**（民法892条）

　遺留分を有する推定相続人（被相続人に相続が開始した場合に相続人となるべき者をいう。以下同じ。）が、被相続人に対して虐待をし、若しくはこれに重大な侮辱を加えたとき、又は推定相続人にその他の著しい非行があったときは、被相続人は、その推定相続人の廃除を家庭裁判所に請求することができる。

(2) **遺言による推定相続人の廃除**（民法893条）

　被相続人が遺言で推定相続人を廃除する意思を表示したときは、遺言執行者は、その遺言が効力を生じた後、遅滞なく、その推定相続人の廃除を家庭裁判所に請求しなければならない。この場合において、その推定相続人の廃除は、被相続人の死亡の時にさかのぼってその効力を生ずる。

(3) **廃除のハードル**

　上記(1)(2)が認められる可能性は相当低いと言われていますが、ゼロではないので家庭裁判所に請求してみるのもよいでしょう。

解決方法

(1) **廃除手続き**

① 【生前廃除】生前に廃除の請求を家庭裁判所にする方法（民法892）

　審判確定の時から、対象者が相続資格を失います。

　それ以前に相続が開始したときは、相続開始時に遡って相続資格剥奪の効果が生じます。

② 【遺言廃除】遺言によって廃除の意思を表示する方法（民法893）
相続開始時に遡って対象者は相続資格を失います。
上記、ふたつの方法があります。詳細は省略します。

(2) 認められなかった例
① 被相続人にも責任があるとされた例
② 子の非行が一時的なものであるとされた例
③ 行為自体が不当あるいは違法とはいえないとされた例
④ 犯罪行為があったとしても、行為が直接被相続人に向けられていないとされた例

(3) 認められた例
① 夫を裏切り、親子を捨て、有婦の男性と不貞を継続しているのは著しい非行に当たる。
② 身持ちが悪く、親の財産を勝手に処分したほか、親に借金を払わせ、行方不明になっているのは著しい非行に当たる。
③ 浪費、遊興、業務上横領、詐欺罪等により懲役刑に処せられるのは著しい非行に当たる。
④ 子が被相続人に対し継続的に暴力を加え、無断で被相続人の3,500万円を超える多額の預金を払い戻し、これを取得しているにもかかわらず返済する意思もないこと等からすると、これらの行為は被相続人に対する虐待、重大な侮辱及び著しい非行に当たる。

(4) 廃除の取り消しなど
被相続人がいったん推定相続人の排除を請求し認められたとしても、廃除された者が改心した場合は次の方法があります。

① その後の養子縁組によって再び相続資格を取得できます。
② 廃除の取り消し

　被相続人はいつでも廃除の取消しを家庭裁判所に請求できます（民法894①）。遺言による取消しも可能です（民法894②）。
※　①又は②に該当した場合、法定相続人が１人増加します。
③　遺言で遺贈（死因贈与を含みます。）することはできます。
※　一親等の血族の場合は相続税の２割加算の適用はありません。
④　生前に贈与することもできます。

事例 **19** 長男と死別した長男の嫁が、義父の面倒を見ていたが、別の男性と再婚した場合、特別寄与料はもらえますか？

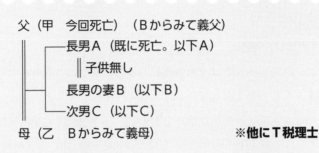

事例のあらまし

B 「主人Aは10年前に死亡し、私（B）は義父母に献身的に尽くしてきました。特に、義父は5年前に「要介護5」の状態になり筆舌に尽くしがたいほどの療養看護を行っていました。私は今回相続権がありますよね？」

T 「残念ながらありません」

B 「そんなことはないでしょう。私は義父の療養看護を5年間もしてきたのですよ。そのほかに事業の手伝いもして、私の才覚で財産の増加にも寄与してきたんですよ」
「友達に相談しましたら『寄与分』というのがあると言っていましたよ（民法904の2）」

T 「あの規定は『共同相続人中に』とあり、あなたは共同相続人ではないから相続権はありませんよ」

B （絶句）

T 「でも民法改正により2019年7月1日の相続から相続人である義母及びC

に対してあなた「特別寄与者」は相続の開始後、特別寄与者の寄与に応じた額の金銭の支払を請求することができることになったんですよ」
B 「なんですか特別寄与者って」
T 「**解決方法**の(4)を見てください」

(問題点)

共同相続人・親族

① 共同相続人とは今回の相続の場合、義母乙と義弟Cだけです。
② もしAが生存していればAも共同相続人です。
③ Aが義父の死亡以前（交通事故等による同時死亡を含みます。）に死亡しているか相続権を失っている場合（欠格・廃除）、直系卑属（子供・孫など）がいる場合はその直系卑属がAの相続権を相続（代襲相続）しますが、今回の場合は当てはまりません。
④ 設問とは異なりますが、義父の死亡後遺産分割協議をする前にAが死亡した場合は、Aの法定相続人として遺産分割協議に参加して相続財産をもらうことができます。
⑤ 長男と死別（その後別の男性と再婚）した嫁が、義父の面倒を相続開始まで見ていた場合、義父との親族関係は解消されるか。

(解決方法)

設問の場合は「後の祭り」ですが義父の生存中、または生存している義母に下記のことをしてもらうといいです。

(1) **養子縁組**

① 下記(2)の遺言書を書いてもらっても、その後遺言書を書き換えられたら日付の新しい遺言書の方が前の方と抵触する部分は優先しますから遺言書

の場合は絶対とはいえません（民法1023）。

② 遺言書で「全部Ｃに相続させる」と書かれても、養子縁組しておけば『遺留分の侵害額の請求』ができます。

(2) 遺言書作成

筆者の経験則から言いますと血縁関係のない者を養子縁組することは多くの方が躊躇しますから、養子縁組が無理な場合は遺言書を書いてもらうことをお薦めします。

(3) 負担付死因贈与契約を締結する

負担の全部又はそれに類する程度の履行をしていた場合、贈与者が遺言等で贈与契約を取消すことはできません（1982（昭和57）年４月30日／最高裁）。

(4) 2019年７月から下記の内容で民法が施行されています。

被相続人に対して無償で療養看護その他の労務の提供をしたことにより被相続人の財産の維持又は増加について特別の寄与をした被相続人の親族（相続人、相続の放棄をした者及び民法891条の相続人の欠格者に該当し又は廃除によってその相続権を失った者を除く。）（「特別寄与者」）は、相続の開始後、相続人に対し、特別寄与者の寄与に応じた額の金銭（「特別寄与料」）の支払を請求することができる。ただし、特別寄与者が相続の開始及び相続人を知った時から六箇月を経過したとき、又は相続開始の時から一年を経過したときは、この限りでない（民法1050）。

なお、問題点の⑤の設問の趣旨は、被相続人の親族かどうかはどの時点で判断するかという問題提起です。

答えは義父の相続開始時点で判断することになります。

そうしますと、長男と死別後、別の男性と再婚はしたが（再婚していなくとも）

義父の相続開始まで無償で療養看護等していた者は、義父との関係で親族関係か否かということです。

民法728②の「姻族関係終了届。戸籍法96」を提出していない限り、義父との関係は妻から見た場合、死亡した配偶者の一親等の血族で（一親等の姻族）親族となります。

義父が死亡した後に姻族関係終了届書を提出していても答えは同じです（義父の相続開始時点で、義父とは親族だからです。）。

特別寄与料の請求の可否

被相続人（甲）との関係　※親族＝民法725				請求
①民法第5編第2章の相続人である※親族【最終相続人】共同相続人				×
②相続人でない※親族	①と共に本来は、相続人になれる者	❶相続放棄(民法915)⇨はじめから相続人でない(民法939)		×
		相続権を喪失した者	❷相続人欠格事由者（民法891）	×
			❸推定相続人の廃除者（民法892・893）	×
	❹ ❶～❸に該当しない、相続人でない親族 □1 甲の6親等内の血族（自然・法定・直系・傍系・尊属・卑属） □2 甲の3親等内の姻族 ・3親等内の血族の配偶者まで（例　ひ孫の妻） ・配偶者の3親等内の血族まで（例　妻の兄弟姉妹の子供）			○請求可能
③親族でない者／7親等～血族・4親等～姻族（以上親戚）・離婚者				×

(5) 遺産の全部を乙又はCに（特定）遺贈している場合

残念ながらBさんは特別寄与料を請求することができません。

※　特別寄与料の額は、被相続人が相続開始の時において有した財産の価額から遺贈の価額を控除した残額を超えることができない（民法1050④）。

（遺産の額－特定遺贈の価額）以内でしか請求できないからです。上記の遺贈は特定遺贈を指し、包括遺贈の場合には請求することができます（堂薗幹一郎・野口宣大編著「一問一答新しい相続法」（商事法務）189頁）。

例1　遺産100 − 特定遺贈40 = 60（相続人で遺産分割協議）
　　　後日相続人に対して60を限度に特別寄与料を請求可能

例2　遺産100 − 特定遺贈100 = 0
　　　後日相続人に対して特別寄与料を請求できません。

事例 **20** 疎遠だった叔父の債務を姪が相続放棄できる期間の開始時期はいつからですか？（再転相続の問題）

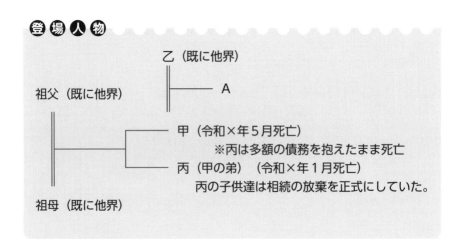

事例のあらまし

Aは、大阪府の会社の役員だった叔父丙が多額の債務を抱えたまま令和×年1月に死亡し、叔父丙と疎遠だった父親甲は相続も放棄もしないまま、その4か月後に死亡しましたが、3年あまり経ってから債権回収会社からの通知で、叔父からの債務を相続する立場にあることを初めて知り、「相続の放棄をしていないから債務の返済義務がある」と請求されました。

それから3か月以内にAは相続を放棄しました。

この放棄は有効でしょうか？

問題点

民法では、相続する立場の人（父甲）が死亡し、さらに次の人（A）が相続する「再転相続」について、3か月以内に相続するか放棄するか決めなければ

ならないと定められていて、Aが起こした裁判では、この3か月の期間がいつから始まるかが争われました。

2019年8月9日最高裁判所第2小法廷の菅野博之裁判長は、「再転相続で叔父の債務があることを知らないまま、期間が始まるとすれば、相続するか放棄するかを選ぶ機会を保障する民法の趣旨に反する」と指摘しました。

解決方法

そのうえで、再転相続では、相続する立場になったことを知ってから3か月以内に放棄すればよいという初めての判断を示し、Aの相続放棄を有効としました。

これまでは3か月の期間が始まるのは死亡を知った時とする解釈が一般的で、最高裁は相続する側に有利となる判断を示しました。

民法第916条

相続人が相続の承認又は放棄をしないで死亡したときは、前条第1項の期間は、その者の相続人が自己のために相続の開始があったことを知った時から起算する。

	（自己のために相続の開始があったことを知った時）の解釈
従来の解釈	再転相続では、（父甲の）死亡を知った時とする解釈が一般的で、父の死亡は令和×年5月だからその日が起算日になります。
今回の解釈	再転相続では、相続する立場になったことを知ってからと判決し、債権回収会社からの通知があった日が、叔父からの債務を相続する立場にあることを初めて知った日になる。

※ 禁止事項

債権回収会社の者が自宅に訪問し「子供の使いで来たんじゃないから交通費の1万円分だけでももらえないか」と言われて支払った場合、叔父の債務を承

継したことになるリスクがありますので、支払わずにすぐに専門家にご相談ください。

　※　先順位の相続人が相続放棄をしているかどうかの確認は、事例１の、解決方法(2)相続の放棄の期限の問題を参照してください。

事例 21 俺が財産の全部をもらうからな！？

登場人物

父（昭和38年死亡）
├── 長女A（専業主婦）
├── 長男B　農業経営（母、嫁D、子供と同居）
└── 次男C　東京でそれなりに成功している。
母（**平成24年12月死亡**）財産は僅かな農地と宅地などのみ

事例のあらまし

母の100日法要が始まる直前の相続人の会話

　　　（山形弁を標準語に修正しています）

B 「遺産相続のことだけど、おれが全部もらうからな」

C 「そういう言い方をするからダメなんだよ」

D Bに対して「どうしてそんな言い方するの？」

B 「じゃーなんて言えばいいんだ」【Cの心。自分で考えろ！】

C 「おれも姉（A）も財産が欲しいなんて一度も言っていないだろう」（姉も同様？）

A 「無言…」

　以下は会話ではなく、次男Cの頭の中の自問自答

【ここで反論することは簡単だ。俺の相続分は3分の1ある】

【しかし、反論すると口げんかとなり泥沼に落ちることになる】

【こういう修羅場は「相続専門の税理士」として多くの場面に出くわした】

【目の前で兄弟がつかみ合いをしたのを目撃したこともある。親の1周忌は、

仲の良かった兄弟が別々に開催したのもあった】
【俺は母の面倒を見ずに中学を卒業すると集団就職で東京の製本会社に就職し紆余曲折があったが現在は税理士事務所を経営し、東京でそれなりの生活をしている。田舎の財産を相続しても仕方がない】
【母は「私が死んだらおまえは田舎に帰ってこなくなるだろう」と亡くなる数年前から言っていた】
【親は「兄弟が仲良くすること」を願っているはずだ。それに答えなければ親不孝になる】
【母の面倒を見たのは、兄Bであり一番苦労したのはBの妻であるDだ。心から感謝はしている】
【俺は母の生前中から財産はいらないと宣言してきたが、兄の言い方が気に入らないからここで承諾するのは差し控えておこう】
…その場はこれで終了…

(問題点)

遺産分割協議での禁止事項

① 長男などが上から目線で高飛車に話を進めないこと。

② 財産をおまえ達にあげるとは言わないこと（『棚ぼた＝棚からぼた餅』という言葉は禁句です。）。

③ 財産を一部しか見せないこと。

「俺が財産の全部をもらうからな」という発言は、①に違反し、②には全面的（一切あげない）に違反していることになります。このような発言をすると、まとまる話もまとまらなくなります。絶対禁句です。

(解決方法)

禁止事項に違反した場合でも、後日「あの時は俺も言い過ぎた。反省してい

る。後で女房にひどく怒られた。ごめんな」

「もう一度遺産分割協議の話をみんなでしないか。来週か再来週に時間がとれないか？」

　人ともめたとき、原因を作った相手方が謝ってくると案外和解できる場合が多いのです。

　これができない場合は共通の知人に仲裁に入ってもらうことも一つの方法です。

※　格言「仲裁は時の氏神」

　この事例の場合は長男Bは謝ってこなかったが、お盆の時に帰省した次男Cは、ネットで地元の司法書士をさがし、長男Bと同行し、すべての財産は長男Bが相続するという遺産分割協議書の作成を依頼し、無事に遺産分割協議も相続登記も完了しました。

　またCは年に2回から3回は帰省し、お墓参りをし、かつ兄弟の仲は前よりも良くなりました。めでたし、めでたし。

事例 22 母が次男に5百万円（5.5％相当）しか相続させないと遺言書を書いていました。問題が生じないでしょうか？

登場人物

父（既に死亡）
├── 長男A（妻と母と同居していた）
├── Aの妻C（数年前に母と養子縁組している）
└── 次男B（近隣県に居住するも、数年間連絡無し）
母（今回死亡）

母の遺産9千万円（90,000,000円）
遺言書で5百万円だけ次男Bに相続させ、残りは全部長男Aに相続させるとあり。

※他にT税理士

事例のあらまし

A 「前回父が亡くなったときT先生に相続税の申告を依頼しましたので、今回も母の相続税の申告をお願いします」

T 「ご愁傷さまです。いつお亡くなりになられたんですか」

A 「令和〇年8月△日です」

T 「子供の法定相続人は前回は2名でしたが、同じですか」

A 「その後母が私の妻を今までのお礼という意味で養子縁組をしてくれて、現在は私と妻と弟（次男B）の3名です」

T 「遺言はあったんですか」

A 「ありました。私に8,500万円、弟に500万円です」

第1章　相続トラブル解決事例35

T 「弟さんには、遺留分1,500万円（9千万円×総体的遺留分1/2×法定相続分1/3＝1/6＝個別的遺留分）がありますから、遺贈分500万円を控除した残り1,000万円を遺留分侵害額の請求ができますね」

「弟さんは遺言書の内容に納得していますか」

A 「もっと欲しいようなことを言っていました。

しかし、弟はこの10年間ほとんど実家に帰省しない（弟の言い分。たまには帰省したよ）、携帯電話番号も教えてもらっていません。母は自分の意思でそれらのことを総合的に判断し、上記のような遺言を書かれたんだと思います」

「遺言書の最後に付言事項【遺言効力はないが、逆に家族に対する精神的遺言効果はある】として、どうか兄弟仲良く長生きしてください。とありました」

T 「Aさんはどうしたいんですか」

A 「遺言書のとおり、実行したいと思っています」

T 「弟さんは弁護士を立ててでも争う可能性がありますか」

A 「可能性はありますね。先日電話で大げんかしてしまいました」

T 「もう1回弟さんと話して妥協点を調整してみませんか。弁護士を立てて争ったら泥沼に陥りますよ」

問題点

この事例は裁判等に発展しそうな案件です。

裁判等に発展した場合、下記のデメリットが考えられます。

① お互いに弁護士費用数百万円（仮に各500万円）＋裁判等費用合計1千万円強が必要になります（裁判等外で弁護士の話し合いの場合は裁判等費用は不要です）。

仮に裁判等になった場合、弟は遺留分として1,000万円取得することがで

きるかもしれませんが、弁護士費用などで500万円強の出費となり、差し引き**500万円**しか残りません。

　兄は**1,500万円**（遺留分1,000万円＋弁護士費用など500万円）の出費となります（話は単純化しています）。

② 兄弟の仲は最悪の状態になります（付言事項に反します）。
③ 母の法事（1周忌・3回忌など）は別々に行われることになり、親戚がどちらに参加していいか困惑しますし、兄弟げんかしていることを世間に発表しているようなものです。
④ 子供の結婚式に親戚として参加又は通知招待しなくなります。
⑤ 兄弟のどちらかが死亡した場合、その連絡が来なくなります。
⑥ 仲の良かった兄弟が残された親（一方の親が他界している場合）の相続をきっかけに、絶交した事例はたくさんあります。
⑦ 裁判等になった場合、長期間時間がとられることになり、大変な心労となります。
⑧ 兄弟姉妹4名が、4組の弁護士に依頼し長期間訴訟している案件もありました。

※　格言【兄弟は他人の始まり】

解決方法

　遺言書の内容を尊重しつつ遺留分も考慮し、相続人間で遺言書と異なる遺産分割協議を行うこともできます。

① 遺産分割協議で、仮に兄が弟に1,100万円（遺言分500万円＋遺留分の尊重で600万円）を分割したとしましょう。
② 弟は最終手取り**600万円**となり、裁判等の場合より100万円多くなります。
　兄は600万円の出費となります。
　兄弟の最終利益は、兄900万円（1,500万円予定－600万円）、弟100万円（600

万円−500万円）となり、1,000万円得します。
③　兄弟の仲は最悪にはなりません（付言事項に従っています）。
④　法律的には通常問題が生じません。
　※　相続人以外に遺贈している場合や包括遺贈している場合は多少複雑です。
⑤　税務上も問題は生じません。
⑥　この案件は後日全員が安心会計に集合した際に下記のやりとりがあったが、裁判等をすることもなく無事解決しました。

A　「母の意思で遺言したんだからそのとおりにしたいと思います」
B　「でもT先生、私には遺留分がありますよね」
T　涙声で「確かにあります。でもお母さんの意思に反しますし、何よりも、兄弟仲良くという付言事項に反します。訴訟をきっかけに兄弟がバラバラになった多くの例がありますよ、それでいいんですか…」
　「Aさん、いくらかプラスする気持ちはないですか」
A　「数百万円はプラスしてもいいと思っています」

その後多少の会話があったが、訴訟をすることもなく無事相続税の申告を全員で済ませた。

事例 ㉓ （二重資格者の相続放棄）兄の養子となっていましたが、兄弟だけの分の相続をしたいので相続の放棄をしたらどういう問題が起きますか。

登場人物

父（既に死亡）
├── 長男A（今回死亡）（遺言書はなし）
├── 次男B
└── 三男C（Aと養子縁組）（子と兄弟の二重身分あり）
母（既に死亡）

※他にT税理士（Cの顧問税理士）

事例のあらまし

T 「今回はどのようなご相談ですか」
C 「税金の相談ではなく、兄Aの相続の相談なんです」
T 「Aさんはたしか独身でしたよね。親御さんもすでに他界していますよね。そうするとあなたCさんと次男Bさんが相続人ですね」
C 「ところが違うんです。子供がいるんです。私と兄Aは数年前に養子縁組をしているんです。つまり私が兄の子供です」
T 「遺言書はないんですね。それでは遺産分割協議の必要もなく、あなたが全遺産を相続できますよ」
C 「でも兄貴（次男B）にも30％程度あげたいんです」
T 「今の状態でBにあげた場合、いったんあなたに相続税が課税され、その後Bに贈与税が課税されることになりますよ（二重課税）」

C 「なんとかよい方法はありませんか」

問題点

(1) **相続の放棄**

① 相続放棄の意思表示は、熟慮期間（原則として、自己のために相続の開始があったことを知った時から3か月）以内に、被相続人の住所地又は相続開始地の家庭裁判所に相続放棄の申述書を提出する方法により行わなければなりません（民法938）。

② 相続放棄の効果

相続放棄をした者は、その相続に関しては、初めから相続人とならなかったものとみなされます（民法939）。

③ 今回の事例の場合

単に相続の放棄をした場合、養子としての立場のみならず、兄弟姉妹としての相続も放棄したと判定される恐れがあります。

相続人はBのみとなります。

解決方法

① 相続放棄申述受理証明書には、「被相続人との続柄」の記載がないため、当該証明書だけでは、相続人がどの相続人の資格で相続の放棄をしたのかは、明らかではありません。

② 相続放棄申述書については、「被相続人との続柄」がその記載事項とされています。

これは、申述人がどの相続資格で申述する意思かを明確にさせて、後日の紛争を防止しようとする趣旨であるとされています。

養子としての立場のみの相続放棄であることを明確に意思表示している場合は、兄弟姉妹の相続権はあるとする説が有力です。

③ そうすると法定相続人はＢＣの２名となり、二人で遺産分割協議をすることになります。

④ 実務のテクニックとしては、Ｂに対して養子としての相続権は放棄する予定と伝えて、C70％：B30％の遺産分割協議書（日付のみ空欄）を作成しておき、その後正式に相続放棄をし、その翌日以後の日付を２人で確認し記入すると相続トラブルは避けられるのではないでしょうか。または養子としての立場を放棄することを前提としての正式な遺産分割協議書を作成する方法もあるでしょう。

⑤ Ｂは相続税の２割加算の適用がありますが、ＣはＡの子供としての相続放棄をしただけで、一親等の法定血族であることには代わりがありませんから、ないのではないかと思われます（相基通18－1）。

事例 24 父の宅地等に長男の妻の父が二世帯住宅を建築した場合、居住用の小規模宅地等の特例を受けられますか？

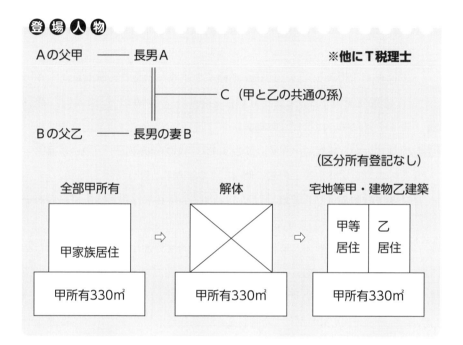

事例のあらまし

甲の家族会議（参加者：父甲、長男A、長男の妻B）

甲「この家は築50年経っており、そろそろ建て替え時期だと思うんだけれど。どうかな」

A「T税理士に聞いたことがあるんだけど、預金4千万円は相続税法上の評価も同額だが、建物にすると半額程度の評価になってお父さんの相続税の節税にもなると言っていたよ。僕は賛成だね。おまえはどう思う」

B「賛成ですけど…」

|A|「お義父さんお願いがあります。私の母は3年前に他界し、父が一人で寂しく暮らしています。最近は耳も遠くなり、足腰も弱くなっています。子供は私一人ですので引取りたいと思っています」

「父の自宅近くの不動産屋さんに聞いたところ、あの不動産は4千万円強程度で売却できそうです。取得費などは1千万円ありますから、譲渡益は3千万円です」

「T税理士に相談したら、居住用不動産を譲渡した場合、譲渡益3千万円までは税金がかからないそうです」

|A|「俺もそれは聞いたことがあるよ」

|B|「売却代金から諸費用を支払っても4千万円残ります」

「そのお金を建替え代金全額に使ってくれませんか」

「宅地等はお義父さん、建物は私の父。父が死亡したら私しか相続人がいないので問題も生じません」

「建物は完全分離型の二世帯住宅(左側には今までどおりの家族、右側には私の父単独居住)をお願いしたいんですけど」

|A|「相続税の計算上【居住用宅地については小規模宅地等の特例】というのがあって、平成26年から二世帯住宅にも適用され、平成27年からは適用できる面積が240㎡から330㎡に拡大されたと、S不動産のセミナーで教わったよ」

|甲|「本当に大丈夫か。素人の生兵法と言うじゃないか。税理士でも相続税に詳しいのはほんの一握りと聞いているぞ。相続税専門40年以上のT税理士に相談してごらん」

(後日、T税理士事務所での会話)

|A| 上記の内容を伝えて「妻の父が二世帯住宅の建物を建築しても父が死亡したとき居住用の小規模宅地等の特例は受けられますよね」

T 「残念ながら甲さんの宅地等の上に、乙さんが二世帯住宅の建物を建築した場合、居住用の小規模宅地等の特例は受けられません」

A 「S不動産のセミナーで宅地等の所有者の親戚が建物を建築した場合、居住用の小規模宅地等の特例は受けられると税理士が解説していましたよ。大手の会社のセミナーですよ」

T 「レジュメを所有していますか」

A 「これです。本当に親戚と書いてあるでしょう」

T 「ほんとですね。でもこれは間違いです。正しくは親戚ではなく【親族】です」

(問題点)

① お父さんの相続で居住用の小規模宅地等の特例を受けるためには最初の要件が❶家屋の所有者がお父さんか、❷又はお父さんの親族でなければだめです（家屋所有者親族要件）。

② 完全分離型二世帯住宅等に関しては、さらに父の居住していた家屋（独立して居住などに使用できる空間、この事例では左側）以外の家屋（この事例では右側）に居住している者がお父さんの親族でなければだめです。【二世帯住宅等居住者親族要件】

③ 【親戚】【親類】という用語は法律上定義がありません。

   【親族】は民法725条で定義があります。

   　一号・二号は省略　　三号 3親等内の姻族
   ・本人（甲）の配偶者（妻）と血縁関係で3親等まで
   ・本人（甲）の血族の3親等の配偶者まで（例　長男の妻）

   長男の妻は1親等内の姻族で、その父乙は姻族ではありません。

④ 甲と乙は、俗称で言う【親戚】ですが【親族】ではありません。

⑤ したがって、【家屋所有者親族要件】に該当しないことになり、【二世帯住

宅等居住者親族要件】の判断をする必要もなく、居住用の小規模宅地の特例を受けることができません。

(解決方法)

① 建物を父甲が建築した場合は、家屋所有者要件はクリアすることになります。

② しかし、右側に乙が単独で居住した場合、【二世帯住宅等居住者親族要件】に該当しないことになり、左側の建物の敷地分のみ居住用の小規模宅地等の特例を受けることができます。

　乙の居住部分の敷地分は受けられません。

③ ②をクリアするためには二世帯住宅ではなく、乙が甲達と同居すればOKです。

④ しかし、同居はできないし、建築代金の全部又は一部をどうしても乙が負担したい場合は、大変複雑な方法でクリアできる場合もあります。相続専門の税理士に相談してください。

事例 25 父親の愛情と、母親の愛情の違い？

事例のあらまし

　甲と乙は15年前に離婚し、子供AとBは乙が引き取って扶養をしていた。甲は再婚をすることもなく令和×年5月死亡したが公正証書遺言書を作成していた。

　その内容は、全遺産をA45％・B45％・C10％に遺贈するとあり、包括遺贈である。

乙 「今回、元夫の相続で相談したいのですが」と話しを切り出し、上記の内容の遺言書があることを打ち明けた。

T 「今回の相続では乙さんは当事者ではないですよね」

乙 「でも次男Bはまだ未成年者ですから、利益相反者でない（甲の相続人でない）私がBの代理人として今回の遺産分割に参加します。長男のAも私の言うことは聞くそうです」

T 「甲さんは別れた子供に90％9千万円を遺されたんですね。父親の愛情を

感じますね」

乙 「でも私は逆にしたいんです」

T 「逆って何ですか」

乙 「Cに90％（9千万円）・AとBに各5％（5百万円）です」

T しばし絶句「何でそんな分割を提案するんですか」

乙 「AもBもあと数年で社会人になり自分の力で収入を得るわけでしょう。それが各人が4千万円強の預金を持っていたらどうなると思います。勤労意欲を持たなくなり、かえって子供達の将来ためにならないでしょう。お金は人を変えますよ。

私の人生の恩師（伊沢甲子麿先生）の教えです。自分が苦労して得たお金だから価値があるんですよ」

T 「なるほど、それも親の愛情ですね。一緒に暮らしている母親の愛情ですね」

乙 「（包括）遺言書の内容と異なる分割はできるのですか」

T 「初めての事例ですね。調べてみましょう」

（問題点）

(1) 特定遺贈の場合

　今回の事例は包括遺贈と思われますが、仮に特定（個々の財産を特定する）遺贈の場合はどうなるか検証してみます。

　① 特定受遺者が相続人のみである場合には、お互いの話し合いで調整（遺産分割協議）することは可能です。

　② 特定遺贈の場合は、<u>今回のようにCに90％と変更することは不可能です。</u>
　　（Cは相続人ではないから、差額の80％は贈与税の対象です。）

　③ 相続人以外の者が遺贈を放棄すれば、相続人間で調整（遺産分割協議）することは可能です。

(2) **包括遺贈の場合**（受遺者のことを「包括受遺者」といいます。）
　① 今回は包括遺贈なので、民法第990条が適用されます。
　② **民法第990条**　包括受遺者は、相続人と同一の権利義務を有する。
下記に解説をします。

[解決方法]

(1) **包括遺贈と相続の共通性**（④から⑥は上級編です。）
　① 包括受遺者は、包括的に遺産（債務も）を承継する。
　② 共同相続人等がいる場合、共同相続したのと同一の法律状態を生じる（民法898、899）。
　③ 包括遺贈の承認及び放棄は相続の取扱いに準じる（民法990）。特定遺贈は適用無し（民法986、989）。
　④ 相続回復請求権の消滅に関する規定も類推適用（民法884）。
　⑤ 財産分離も相続人と同一に扱われる（民法941以下）。
　⑥ 胎児の相続能力（民法886）及び相続欠格（民法891）は遺贈の場合に準用（民法965）。
　⑦ 相続人と同様に、債務・葬式費用を控除できる（相法13）。

(2) **包括遺贈と相続の差異**
　① 代襲相続に相当するような、代襲して遺贈を受ける制度はない。
　② 包括受遺者は寄与分（異説あり）や特別受益の規定の適用ない。
　③ 包括受遺者は遺留分をもたない（相続人でも、すべての相続人に遺留分があるわけではありません。）。
　④ 借地権や借家権について、相続した場合は賃貸人の承諾は不要だが、遺贈の場合は承諾が必要。
　⑤ その他数個

(3) **結論**

① この事例は包括遺贈である。したがって
- Cは相続人ではないが包括受遺者である。
- AとBは相続人であると同時に包括受遺者である。

② Cは遺産分割協議に参加し、自由に分割割合を協議可能です。当然にC90％・AとB各5％という遺産分割協議は可能です。

③ Cの遺贈分が90％－10％＝増加取得分80％は、贈与税の課税対象ではないかという説もありますが、私的見解ながら正式な遺産分割協議の範囲内と思われますので相続税の世界だと思います。

第1章　相続トラブル解決事例35

事例 26　消滅時効の完成した債務は債務控除できますか？

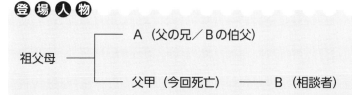

登場人物

祖父母 ─┬─ A（父の兄／Bの伯父）
　　　　└─ 父甲（今回死亡） ── B（相談者）

※他にT税理士

　甲は兄Aから15年前に商売の資金として10,000,000円借り入れていた（金銭消費貸借契約も締結していた。それによると1年に1回1,000,000円ずつ返済とあり、無利息とあった。）。
　しかし商売が右肩下がりなので、Aは一度も催促することなく（かつ返済も受けず）、甲に相続が開始した（相続人はB）。

事例のあらまし

Ｔ 「今回はどのようなご相談ですか」
Ｂ 「今回私の父が亡くなったんですが相続税のことで相談したいんです。実は相続税の申告はすでに会社の顧問であるK税理士に依頼しているんです」
Ｔ 「それでは私に相談はいらないのでは」
Ｂ 「父はAから借金をしていて残額10,000,000円あるんですが、今回全額返済してくれとAから要求されました。私としては父が借りていたことは聞いていましたし、今後のつきあいもありますから全額即金で返済しようと思っているんですが」
Ｔ 「何を躊躇しているんですか」
Ｂ 「K税理士が『❶時効が完成しているから返す必要はないよ』
『❷返したとしても債務控除はできないよ』『❸Aに贈与税が課税されるよ』

─ 91 ─

というんです。T先生本当ですか」

T 「❶は本当です。しかし、時効の援用（法的に時効を主張すること）は必要です。❷は税務当局はそう答えるでしょうが私は別の見解を持っています。❸は間違いです。❶時効の完成と、時効の援用は別の問題です。」

B 「同じ税理士なのにどうして答えが違うのですか」

T 「『人生白と黒ばかりじゃないよ。灰色があるんだよ。』私の好きな言葉です」

問題点

(1) **債権の消滅時効**（民法166）

① 債権は、次に掲げる場合には、時効によって消滅する。

・権利を行使できることを知った時から5年、または、

・権利を行使できる時から10年行使しないとき。

② 今回の事例は上記に該当するものと思われます。

つまり消滅時効が完成していますのでAからの法律上の請求はできません。

③ 相続人であるBが任意で支払うことは自由です。

(2) **相続税法上**

① 相続税法第13条（債務控除）

一　被相続人の債務で相続開始の際現に存するもの

二　以降　省略

② 相続税法第14条（債務控除）

前条の規定によりその金額を控除すべき債務は、確実と認められるものに限る。

③ 相基通14-4（消滅時効の完成した債務）

【そのため】相続の開始の時において、既に消滅時効の完成した債務は、

法第14条第1項に規定する確実と認められる債務に該当しないものとして取り扱うものとする。

(3) **債務と責任の異同**

事例	債務	責任	内容　根拠法令等
①	有	有	省略
②	有	限定	相続における限定承認（民法915・922） ※相法13　債務控除が限定
③	有	無	責任なき債務は消滅時効の完成した債務などが該当し、返済すれば有効であるが、時効を援用されたら支払い催促の裁判はできない ❶債務控除×（相基通14－4） ※広島高裁 S57.09.30は○ ❷返済しても贈与税非課税
④	無	有	第三者への物上保証（質権又は抵当権）（物的有限責任）債務控除× ※まれではあるが、相続財産の財産評価上、直接控除できる場合あり

（解決方法）

(1) **返済の可否**

法律論としては消滅時効が成立していますので返済する必要はありません。しかしBが返済することも自由です（贈与とはならない）。

(2) **現実の対応と債務控除の可否**

① 相続税の課税価格の算定上債務控除の対象となる債務は、被相続人の債務で相続開始の際に現に存し、その者の負担に属する金額であることを要する（相法13①一）とともに、確実と認められる債務でなければならない（同法14①）。とありますが、

② その確実と認められる債務とは、債務が存在するとともに、債権者によ

る裁判上、裁判外の請求、仮差押、差押、債務承認の請求等、債権者の債務の履行を求める意志が客観的に認識しえられる債務、又は、債務者においてその履行義務が法律的に強制される場合に限らず、

③　社会生活関係上、営業継続上若しくは債権債務成立に至る経緯等に照らして事実的、道義的に履行が義務づけられているか、あるいは、履行せざるを得ない蓋然性の表象のある債務を意味すると解するのが相当である（1982（昭和57）年9月30日／広島高裁）。

④　最終判定

　　今回の事例は表の③に該当し、相続開始時点で【債務】はありますが【責任＝返済義務】はありません。

　　しかし、上記③に該当するような場合は、私的見解ながら債務控除は可能と考えます。Bの立場になって考えてみてください。

　　金融機関ならいざ知らず、親族の債務を支払わないなどということは道義的・心情的・今後の社会生活上考えにくいです。

　　当初申告で債務控除しないで、更正の請求で債務控除をした場合は認められる可能性は低くなると思われます。

第1章　相続トラブル解決事例35

事例 27　前回の母からの相続分の譲渡は、今回特別受益になりますか？

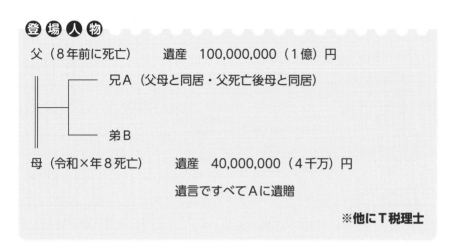

登場人物
父（8年前に死亡）　遺産　100,000,000（1億）円
├── 兄A（父母と同居・父死亡後母と同居）
└── 弟B
母（令和×年8死亡）　遺産　40,000,000（4千万）円
　　　　　　　　　　遺言ですべてAに遺贈

※他にT税理士

事例のあらまし

8年前に父が亡くなった時に相続人は母と、子供AB2名でした。

遺産分割協議が難航したので、申告期限間際に母は子供達に「私はいらないから、私の相続分50％の権利はAにあげるわ」と言ってそのことを書面で作成した。

そのため、A75％・B25％の遺産分割協議をした。

今回母が亡くなり、遺留分の計算で揉めています。

A　「母の遺産は4千万円だから、おまえの遺留分は $40,000,000 \times 1／2 \times 1／2 = 1／4 = 10,000,000$ 円だね。その分は支払う意思はあるよ」

B　「計算が違うんじゃないの。親父の相続の時に兄貴は母さんの相続分50％の譲渡（対価がないので贈与）を受けているよね」

A　「それがどうしたの。おまえも納得して署名捺印したよね」

B 「たしかに署名捺印したけど、10年以内だよね。特別受益になるんじゃあないか」

A 「どういうこと」

B 「母の遺産40,000,000円＋Aの生前贈与の特別受益50,000,000円＝90,000,000円遺留分の計算の元になる金額。

90,000,000円×1／4＝22,500,000円。この金額が私の遺留分侵害額の請求権だと思うよ。12,500,000円少ないんじゃないか」

A 「そんなばかな」

T 「最近そのような判決が最高裁で出ました」

2018(平成30)年10月19日／最高裁

　親が一人の子供に相続分の譲渡＝生前贈与（特別受益）となり遺留分の対象。

　遺産の受け取り割合（相続分）を親から生前に譲渡された子と、譲渡されなかった他の子との間で遺産の取り分が争われた2件の訴訟の上告審判決が最高裁第2小法廷（鬼丸かおる裁判長）であった。

　同小法廷は、相続分の譲渡は贈与に当たるとの初判断を示した。

問題点

(1) 相続分の譲渡の書面等がある場合（本事例の場合）

　母が父の遺産分割協議の話で「私はいらないけど、長男は私たちと同居し介護もしてくれたから、私の相続分【50％】を長男に譲渡するわ」と、長男＆次男に話したし、そのことを書類で遺しているのでこのような判決になると思われる。

(2) 父の相続が10年超前だった場合

　民法第1044条では、「相続人に対する贈与（特別受益）は、相続開始前の10年間にしたものに限り、その価額を算入する。当事者双方が遺留分権利者に損害

を加えることを知って贈与をしたときは、10年前の日より前にしたものについても、同様とする。」とありますから、10年超前の相続の場合、（法改正されたばかりで判例がないから正確なことは分かりませんが）特別受益にはならないと思われます。

その場合はBの遺留分侵害額の請求権は10,000,000円となります。

解決方法

(1) 相続分の譲渡の書面等がない場合

母が父の遺産分割協議の話しで「私はいらないから、2人で話し合ってください。長男は私たちと同居し介護もしてくれたから、そのことも考慮してくれ」とだけ次男に話した。

結果、A75％・B25％の遺産分割協議だった場合、特別受益とはならなかったものと思われます。

なぜなら、母の明確な（相続分の譲渡）の意思がなく、A・B・母（実質的放棄）の話し合いで決まったからである。

(2) 相続税法への影響

相続税法の世界では従来下記のように取り扱っていました。

① 他の共同相続人に相続分が譲渡された場合

相続分を他の共同相続人に譲渡した場合は、遺産分割と同様の課税関係が生じます。つまり相続税の話しで、贈与税はありません。

例えば、各々の相続人が自己の相続分を特定の相続人に譲渡した場合は、その者が相続分の全てを取得するという遺産分割が行われたのと同じ結果になります。

これは有償で譲渡された場合も、無償で譲渡された場合も同様です。有償で譲渡された場合であれば、その対価は代償分割における代償金と同様

の意味を持つことになります。

② 第三者に相続分が譲渡された場合➡省略します。

③ 最高裁の判決がどのように税務に影響を与えるか今現在分かりません。仮に父の相続が３～７年（令和13年以降）以内の場合は、母からの相続分の譲受は相続開始前３～７年内贈与に該当するかどうか不明です。

　国税当局は公式見解を出していませんが、条文を文理解釈する限り従来の見解どおり贈与には非該当と思われます（相法19）。

相続税法第19条１項

相続又は遺贈により財産を取得した者が当該相続の開始前七年以内に当該相続に係る被相続人から贈与により財産を取得したことがある場合においては、その者については、当該贈与により取得した財産（…<u>当該取得の日の属する年分の贈与税の課税価格計算の基礎に算入されるもの</u>。）に限る。…

※　相続分の譲渡は相続税の世界で完結しており、贈与税の申告は不要。

第1章　相続トラブル解決事例35

事例 28　2020年4月から施行された配偶者居住権とはなんですか？

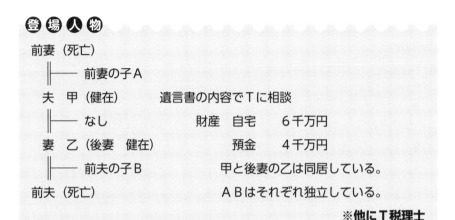

事例のあらまし

甲「今日は遺言書の内容でご相談にあがりました」

T「どのような内容にしたいんですか」

甲「気持ちとしては私が亡くなったら、自宅は妻に遺贈し、預金はAに遺贈したいと思います。でも妻の方が60％・A40％でバランスが悪いですよね。ですから妻に遺言書を書いてもらい、自宅は私の子供に戻してもらいたいんですけどできますか」

T「乙に対しては預金はあげないんですか。乙はあなたが亡くなった後どうやって生活するんですか」

甲「でも例えば預金2千万円もあげればますますバランスが悪くなるじゃないですか。80％と20％」

T「最終的に甲さんの子供Aに戻してくださいといっても、守られる保証は

ありませんよね。最初乙に遺言書を作成してもらっても後で違う内容の遺言書を作成されたらおしまいです」

甲 「じゃーどうしたらいいんですか」

T 「要は後妻の方には一生自宅に住み続けられ、老後の生活資金もいくらか遺してやり、かつ、最終的にはあなたの子供にそれを相続させたいんですよね」

甲 「そのとおりですけど、できますか？」

T 「できますよ。相続税専門40年超の私にお任せください。
配偶者居住権というのが2020年4月から施行されています。
建物と土地はＡさんが相続又は遺贈（死因贈与を含む）によって取得し、後妻さんは一生（又は一定期間）その自宅に住み続けてもいいという制度です。自宅に対する後妻の権利は仮に50％とすると、100,000,000円×法定相続分１／２－30,000,000円（＝60,000,000円×50％）＝20,000,000円、後妻の老後の生活資金ももらえます」

甲 「まさに安心会計ですね」

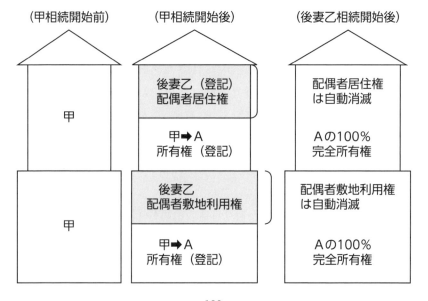

― 100 ―

配偶者居住権の権利の内容

　例　法定相続人　後妻と前妻の子　合計2名

　<u>配偶者居住権</u>【<u>配偶者敷地利用権</u>（土地の上に存する権利）もある】は、配偶者がその居住建物【及びその敷地】の使用及び収益をすることができる権利であり（民法1028）、その法的性質は、【<u>使用貸借ではあるが</u>】<u>賃借権類似の法定の債権</u>と位置付けられる。

　また、配偶者居住権については、賃借権とは異なり、居住建物の所有者に対して配偶者居住権の設定の登記義務を課すこととしており（民法1031）、配偶者が配偶者居住権の登記を具備した場合には、その後に居住建物の所有者からその所有権を譲り受けた者に対しても、配偶者居住権を対抗することができることとしている。

　配偶者居住権の存続期間については、当事者間で存続期間を別途定めない場合には、終身の間（配偶者が死亡するまでの間）が存続期間となる（民法1030）。

　【取得形態】下記の3種類に限られる。

① 遺産分割

② 遺贈（死因贈与を含む）（遺言書の作成日2020.4.1～）

③ 遺産分割協議が整わない場合は家庭裁判所の調停・審判で定める。

問題点

(1) **2020年3月31日以前に作成した遺言書の場合**

　この制度は使えません。

(2) **配偶者居住権が消滅した場合**

　①合意解除・②放棄等の場合は贈与税対象（対価を受け取ると譲渡）

(3) **後妻は家賃の支払いは不要ですがその自宅の必要費**

建物と土地の固定資産税等及び通常の修繕費（1961（昭和36）年1月27日／最高裁）は負担しなければなりません（民法595、1034）。

> 解決方法

(1) **2020年3月31日以前に作成した遺言書の場合**

遺言書の内容を尊重して遺産分割協議に変更する。

(2) **配偶者居住権が消滅した場合**（帰属上の一身専属権）

下記の場合は、贈与税はおろか相続税も課税されません。

① 存続期間満了（贈与税は非課税）

② 配偶者の死亡（相続税は非課税）

③ 居住用建物全部滅失等（贈与税は非課税）

(3) **事例は後妻と先妻の子ですが、実の子との関係でもこの制度は適用できます。**

その際に子供が複数（又は後妻の連れ子が）いる場合、配偶者居住権は（帰属上の）一身専属権であるから第2次相続の時には相続財産にはならないことを、利害関係者には説明すべきでしょう。

事例 29 父が死亡後、相続人が空き家を譲渡した場合、なにか特例はありませんか？

登場人物

父甲（今回死亡）　埼玉の自宅一軒家に一人で居住していた
├── 長男A（千葉の自己所有家屋に居住）
├── 長女B（神奈川の夫所有家屋に夫と居住）
└── 次男C（勤務先の会社社宅に３年超居住）
母（すでに他界）

※他にT税理士

遺産は自宅の土地建物100,000,000円（地積660㎡）
預金50,000,000円
埼玉の土地・建物は売却予想価額100,000,000円譲渡費用なし
譲渡対価100,000,000円－（取得費5,000,000円＋譲渡費用０）
＝95,000,000円譲渡益　　（売却予定）
取得費は不明の場合、譲渡対価の５％を計上可能です。

事例のあらまし

T「今回はどのようなご相談ですか」

A「今回父が亡くなりまして相続税の申告を先生にお願いしたいと思います。父は遺言書を作成しておらず兄弟姉妹３人で遺産分割協議をしたいと思っているんですが、何か税金上有利になる方法はございませんか」

T「兄弟姉妹の仲はどうですか」

A「良いですよ。まだ遺産分割の話はしていませんが均等を考えています。その後自宅は売却したいと考えています」

「自宅は私が相続し、Bには預金50,000,000円、Cには代償金50,000,000円あげたいと思います。これだともめないでしょう」

T　「確かにもめないと思いますが税金上は得策とはいえませんね。しかもAさんあなたの譲渡後かつ代償金を支払った後の手取金額は、BさんCさんより少なくなり均等ではなくなりますよ」

　　事例10の解決方法　※但し書き以降参照

A　「どうしたらいいですか」

T　「相続税における小規模宅地等の減額特例と、相続後空き家譲渡特例の適用を受けられるように遺産分割協議をすることです」

問題点

(1)　相続税の小規模宅地等の特例の適用可否

　①　特定居住用宅地等の特例は相続税の課税価格の計算上地積330㎡分を80％減額できるという制度です。

　②　上記の特例を適用できるのは、
　　　❶配偶者、❷同居（拡大同居＝二世帯住宅等）親族、❸俗称の『家なき子』、❹生計を一の親族のみです。

　③　この事例の場合、❶はすでに他界、❷はいない、❹もいないことになり、❸の検討となります。

　④　Aさんは千葉に自己所有の自宅に居住しており該当しません。

　⑤　Bさんは神奈川の配偶者（夫）所有の自宅に居住しており該当しません。

(2)　相続後空き家譲渡の特例の適用可否

　①　相続等による被相続人居住用家屋及び被相続人居住用家屋の敷地等の取得をした相続人（相続人でない包括受遺者である個人を含みます。）が、2016年4月1日から2027年12月31日までの間に、その取得をした被相続人居住

用家屋又は被相続人居住用家屋の敷地等について、一定の要件を満たす譲渡をした場合には、居住用財産を譲渡した場合に該当するものとみなして、居住用財産の譲渡をした場合の3,000万円特別控除を適用できます（措法35③）。

※　一人3,000万円（譲渡益を限度）×取得者の人数＝適用可能です。

※　2024（令和６）年１月１日以後に行う譲渡の場合、被相続人居住用家屋及び被相続人居住用家屋の敷地等の取得をした相続人の数が３人以上である場合における譲渡の特別控除額を2,000万円【譲渡益を限度】と改正（令和５年度税制改正）。

② （主要な一定の要件は下記の８つです。）

『要件１／建築日』
　昭和56年５月31日までに建築（着手）された家屋

『要件２／相続開始日』
　2023年12月31日（2027年12月31日まで延長）まで

『要件３／譲渡期間』
　相続開始日から３年を経過する日の属する年の年末
　かつ2023年12月31日（2027年12月31日まで延長）まで

『要件４／相続開始前居住要件』
　甲が１人で居住（一定老人ホーム等も可）

『要件５／相続後未利用』
　死亡後譲渡するまで空家（又は空地）の未使用状態

『要件６』
　耐震リフォームをし、耐震証明書の付いた家屋と敷地を譲渡

『要件７』
　又は家屋を取り壊し、敷地のみ譲渡（取り壊し費用は譲渡費用）

『要件8』

譲渡対価（売却代金＋固定資産税の日割り清算など）1億円以下

③ Aが単独で相続すると3,000万円特別控除は１人分のみです。

95,000,000円（譲渡益）－30,000,000円＝65,000,000円（課税譲渡所得）

解決方法

(1) 相続税の小規模宅地等の特例の活用

① 土地建物の50％（330㎡／660㎡）をＣが取得します。

② Ｃは申告期限までそれを保有し続けます。

③ そうすると相続税の大幅な節税になります。

土地の評価額（仮に90,000,000円）×330㎡／660㎡×80％

＝36,000,000円（相続税の課税価格減額）

④ ＡとＢが取得した分には特例は適用できません。

(2) 相続後空き家譲渡の特例の適用

相続後空き家譲渡特例の図解

①譲渡対価＝（譲渡価額＋固定資産税等相当額）　例　100,000,000円	
②取得費＋譲渡費用＝ 5,000,000円	①－②＝③本来の譲渡益95,000,000円 所有期間５年超の場合 譲渡税合計③×税率合計20.315％＝19,299,250円
	④相続税の取得費加算 申告期限後３年以内譲渡	④を選択したら⑤は適用できない。 ③－⑤（又は④）＝課税譲渡所得金額
	⑤空き家譲渡３千万円	

① 小規模宅地等の特例を考慮せずＡＢＣの３人が均等相続した場合譲渡益

95,000,000円×１／３＝31,666,666円（各人の譲渡益）

※ 土地の評価額（仮に90,000,000円）×220㎡／660㎡×80％＝24,000,000円（Ｃの

相続税の課税価格減額）

② 31,666,666 − 20,000,000円 ＝ 11,666,666円　各人の課税譲渡所得

(3) 上記(1)と(2)の併用適用

① (1)を適用する場合は申告期限までに譲渡しないでください。

② (2)を適用する場合は譲渡時期に注意してください。

③ (1)と(2)の併用適用で総合的に有利になるように遺産分割をしてください。

事例 ㉚ 50年後のラブレター？

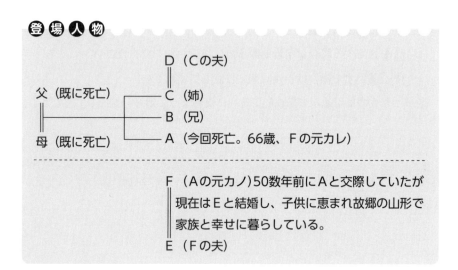

登場人物

父（既に死亡）
母（既に死亡）
　├─ D（Cの夫）
　├─ C（姉）
　├─ B（兄）
　└─ A（今回死亡。66歳、Fの元カレ）

F（Aの元カノ）50数年前にAと交際していたが現在はEと結婚し、子供に恵まれ故郷の山形で家族と幸せに暮らしている。
E（Fの夫）

事例のあらまし

（昭和42～46年）

　山形県大石田町（おおいしだまち）の『某中学校』を卒業したF子は、昭和42年3月29日に集団就職列車で上野駅の18番ホームに降り立った。

　多くの女性は紡績工場の女工として神奈川や他の県に就職（1歳年上の青森のいとこである平田良子も神奈川に就職していた）したが、F子は本が好きだったので受験雑誌を出版している旺○社の専属会社である新宿区東榎町の50名程度の市○製本工場に就職した。

　1か月の初任給は14,000円（時給70円×8時間×25日）。

　住み込みだから食費4,000円を引かれると、約10,000円が手元に残った。（F子にとっては当時は大金であった。）

　会社の勤務時間は朝8時から午後5時までであったが、会社の計らいで午後

4時半に終了し会社から一番近い『都立市ヶ谷商業高校』の定時制商業科に通学していた。

　そこでF子はA（東京の足立区生まれのクラスメイト。大日〇印刷市ヶ谷工場の下請けである印刷工場に勤務していた）と知り合い、交際していた。日曜日には飯田橋にある映画館佳作座などでデートしていたが、2人とも若かったし親の要望もあり高校を卒業した後故郷の大石田町に戻り、農協に就職しそこで知り合ったEと交際し結婚し子供もでき、孫もでき幸せな老後を過ごしていた。

（2017年現在1／A）

　Aは一度も結婚をせず、66歳になっていた。

　しかも癌の宣告をされ余命1〜2月と医者から告げられている。50数年前に交際していたF子と最期に会いたくなった。

（2017年現在2／F子）

　晩秋のある日、山形県大石田町の自宅に一通の手紙が届いた。

　差出人はA本人であった（文章は姉Cの代筆の様であった）。

　「拝啓　F子様　突然このような手紙を差し上げるご無礼をお許しください。私は今、癌の宣告を受けて余命1〜2か月と医者から告げられています。あなたと交際していた高校生時代が走馬燈のごとく脳裏を駆け巡り最期にもう一度あなたに会いたくてこのような手紙を書いてしまいました……」

　この手紙をみたF子は居ても立ってもいられなくなり、Aの看病と最期を看取るため上京を決意し、家族に相談したところ、子供たちは「お母さん、看病に行ってきたら。行かないと後悔するよ」と勧めてくれたが、肝心の夫Eは自分の女房が知らない男性の看病をするために1〜2か月上京し、当然に同じ部屋で2人きりになる訳だから大反対した。

　そして最後の言葉は「どうしても看病をしに上京するなら、俺との籍を抜いてから行け」であった。

(2017年現在3／F子)

　F子は断腸の思いでEとの籍を抜き、上京しAの看病をした。それから１月経過した師走のある日の会話（ＡＢＣＦＤ全員同室）

Ａ「俺の財産は預金で４千万円ほどあるけど、俺が死んだらＦ子に全部あげたいんだけどいいかな。俺の相続人はＢとＣだけど」

Ｂ「おまえが貯めた預金だからおまえが自由に使えよ」

Ｃ「Ｆ子ちゃんは私の結婚式にも来てくれたし、今回は旦那さんとの籍を抜いてまで看病しに来てくれたんだもの。私も大賛成よ」

Ｆ「Ａちゃん。ありがとう。でも少しでも長生きしてね」

Ａ「旦那との籍を抜いたんだったら、俺の籍に入ってくれないか」

Ｆ「…無言」

Ｃ「Ｆ子ちゃん、Ａの籍に入ったら旦那さんへの２度目の裏切りよ」

　そして籍を入れることなく、数日後にAは息を引き取った。

(2019年現在4／税務署とのやりとり等)

① Aの財産はすべてＦ子が取得し、相続税の申告はしなかった。

② 法定相続人（Ｂ・Ｃ）２名×６百万円＋３千万円＝42,000,000円（遺産に係る基礎控除額）以下なので相続税の申告義務なし。

③ しかし税務署はＢＣが法定相続分で相続した（この段階では相続税の申告義務なし）後、合計４千万円をＦ子に贈与したことになり、Ｆ子に贈与税が課税されると主張した。

④ その理由として正式な（法律に則った厳格な書面によることが要求されています）遺言書がないから遺贈があったとは認められないと理論づけた。

(問題点)

(1) **法律＆税務以外の問題**

　この事例（元カレの為に看病に上京することの是非）を結婚している多くの男

女に話すと、男性のほとんどが旦那さん擁護派で、女性は奥さん擁護派が多数でした。

多数決で決められる問題ではなく、読者のあなたならどちらを擁護しますか？又はあなたならどうしますか？

(2) 法律上の再婚禁止期間の問題

F子はEと離婚して1月しか経過しておらず、当時は民法上の再婚禁止期間100日（民法733①）に抵触すると思われます。

しかし、2022年12月10日に民法が改正され、女性の再婚禁止期間は廃止されました。

(3) 法律上の死因贈与契約の問題

税務署の主張のとおり、遺言書は法律に則った厳格な書面によることが要求されています。今回はこの様式に従っていません。

遺言は一方的な行為であり、贈与は当事者双方の行為であります。法律的には異なるものです。

(4) 相続税法上の死因贈与契約の問題

相続税法第2条（相続税の課税財産の範囲）では下記のように規定しており、贈与は遺贈の中に含まれていません。

…相続又は遺贈により取得した財産に対し、相続税を課する。

解決方法

(1) 法律＆税務以外の解決方法

今現在この事例の場合、解決方法は私には思いつきません。

Eの気持ちも分かるし、F子の気持ちも分かります。

(2) **法律上の再婚禁止期間の解決方法**

これは父性推定の混乱を防ぐ目的により設けられたものです。

したがって、例外（元夫との再婚・高齢者の再婚・離婚後分娩した後・ほか）もあります。

「民法733②前項の規定は下記の場合には適用しない。

一　女が前婚の解消又は取消しの時に懐胎していなかった場合」F子は66歳であり前期高齢者である。

2022年12月10日に民法が改正され、女性の再婚禁止期間は廃止。

※　F子（がAより誕生日が遅い場合）Fを養子にする方法もあります、（誕生日が早い場合）AがF子の養子という選択も（民法793）

　　① 婚姻した場合、法定相続人が1名増加（兄弟姉妹＋配偶者）

　　② 養子縁組をした場合、法定相続人が1名（直系卑属）のみ

(3) **法律上の死因贈与契約の解決方法**

① 民法第554条（死因贈与）では「…その性質に反しない限り、遺贈に関する規定を準用する。」とあります。

② 同じく民法第550条（書面によらない贈与の解除）では「書面によらない贈与は、各当事者が撤回することができる。」とあります。

③ つまり贈与契約（死因贈与契約も当然に含みます）は書面によることを要求していませんし、死因贈与契約は遺贈と同じに考えると規定をしています。

④ であるならば、前記の会話再現

A 「俺の財産は預金で4千万円ほどあるけど、俺が死んだらF子に全部あげたいんだ（死因贈与契約の申込み）…」

（B・Cの会話は死因贈与契約の成立に無関係のため省略しました。）

F 「Aちゃん。ありがとう（死因贈与契約の受諾）。でも少しでも長生きしてね」

⑤　贈与契約があったことの証明等

　　書面による贈与契約がないため、税務署と論争になったが、法定相続人であるBとCが一切もらわなかったことを傍証として筆者は主張しました。

(4) 相続税法上の死因贈与契約の解決方法

　相続税法第1条の3（相続税の納税義務者）では「相続又は遺贈（贈与をした者の死亡により効力を生ずる贈与を含む。以下同じ）…」と規定しており、当然に第2条にもこの規定は適用されます。

　贈与をした者の死亡により効力を生ずる贈与＝死因贈与契約による財産の取得には相続税法の相続税の対象となります。

(5) 税務署との論争

　死因贈与契約があったと認定され、贈与税の課税はありませんでした。

(6) 書面の有無による効力の違い　　A贈与者⇒無償　B受贈者

A（相続人を含む。民法896）からの解除の可否

贈与契約が	履行未了	履行済み
書面によらない場合	解除○	解除×
書面による場合	解除×	

民法第550条に基づく解除権は、相続人に承継され贈与者の死亡後に贈与者の相続人が、死因贈与の解除ができると解するのが通説判例です。

　※　BとCの会話の再現

B　「おまえが貯めた預金だからおまえが自由に使えよ」
C　「F子ちゃんは私の結婚式にも来てくれたし、今回は旦那さんとの籍を抜いてまで看病しに来てくれたんだもの。私も大賛成よ」

　上記のとおり生前に相続人BとCが承諾しており、相続開始後死因贈与の履行済みなのでBとCは解除できません。（BとCは一切取得せず）

　死因贈与契約は有効に成立しました。

事例 31 後妻と先妻の子は親族ですか？

登場人物

後妻（以下G）推定被相続人
├─ 子供無し

夫（既に死亡・以下甲）
├─ 先妻との子供（以下S）

先妻

※他にT税理士

・相続開始はしていない
・同じ家屋にGとSは同居している
・土地も家屋もG所有
・法定相続人は第2順位も第3順位もいないことを前提

事例のあらまし

G 「相続税のことで相談したいんですけど」

T 「どのようなご相談ですか？」

G 「私の夫は既に他界しているのですが、夫は私とは再婚で先妻との間に子供Sがおり、私との間には子供はおりません。
私に相続が開始した場合に、Sは養子縁組しない限り相続人にはなれないことは知っています（事例6参照）が、親族関係にあるのか教えてください」
「小規模宅地特例の適用をする場合に、被相続人の親族が宅地等を取得した場合のみ適用を受けられると聞いたものですから質問をしました」

T 「原則は、1親等内の姻族に該当し親族です」（民法725）
「しかし、あなたは夫が死亡した後、夫の親族との姻族関係を終了させる

手続きをしたかどうかで親族になる場合と、ならない場合があります」(民法728②)（戸籍法96）
G 「死亡届出書を提出しただけです」（戸籍法86）
T 「ではあなたとＳは親族関係にあります」

問題点

(1) 原則

あなたとＳの関係は１親等の姻族です（あなたから見た場合は配偶者の１親等の血族、Ｓから見た場合は１親等の血族の配偶者となり、当然にどちらも民法上は相続権は有りませんが親族にはなります。姻族は３親等内まで親族です。）（第３章(1)の親族図を参照）。

(2) 仮に夫とは離婚したが先妻の子と同居している場合

設問とは異なりますが、夫と離婚した段階で夫の連れ子Ｓとの姻族関係は終了し、必然的に親族関係も終了します（民法728①）。

(3) 夫が死亡後、姻族関係を終了する手続きをしている場合

姻族関係終了届出の手続きが完了した段階で夫の連れ子Ｓとの姻族関係は終了し、当然に親族関係も終了します（民法728②）。

(4) 夫の生前中にＳを養子縁組していた場合

設問とは異なりますが、夫が生前中にＳとあなたが養子縁組していた場合は、１親等の（法定）血族となりますので、上記(2)の離婚をしようと(3)の姻族関係を終了する手続きをしようと、Ｓとの関係には影響がなく、親族となり、相続人でもあります。

なお、この場合の養子（配偶者の実子）は相続税法上は実子とみなされます（相

続税法15③))。

> **解決方法**

夫が亡くなった後、姻族関係を終了する手続きをしていない場合

　養子縁組はしたくないが財産はあげたい場合は遺言書を書いてください。

　平成22年4月1日の相続開始からは、被相続人の親族が宅地等を取得した場合のみ小規模宅地等の特例の適用を受けられることに改正されましたが、あなたとＳは同居親族になりますので、小規模宅地等の特例の適用（特定居住用宅地等）を受けることができます。

　相続税の申告期限までＳが保有＆居住継続することが要件です。

第1章　相続トラブル解決事例35

事例 32　父の死亡時に障害者である相続人が障害者手帳の交付を受けていません。相続税法上何か問題がありますか？

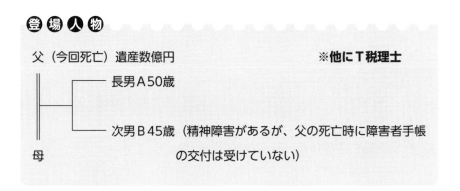

事例のあらまし

A 「今回父が死亡したので、相続税の申告をお願いしたいんですが。相続人は母と私と弟の3名です」

T 「今日はお母さんも弟さんもいらしていませんね」

A 「母は足が悪くこれませんでした。弟は精神障害があるんですが、本人が障害者手帳の申請を受けていません」
「銀行の相談会でK税理士に相談したところ相続開始時点で障害者手帳の交付を受けていないので【障害者控除】という制度は受けられないと言われたんですが、それはどのような制度ですか」

T 「相続開始時点で弟さんは45歳ということですので、相続税法上はお父さんがお亡くなりになった時点で障害者手帳の交付を受けていれば、本来納付すべき相続税額から一定金額【問題点参照】を税額控除できるという制度です（特別障害者なら8,000,000円）」

A 金額を聞いて驚愕する「障害者手帳の交付を受けていたらそんなに控除で

きたんですか。もったいなかったです」
T 「法律上はK税理士の言うとおりです。でも…」

問題点

障害者控除

本人（事例の場合は弟B）が本来納付すべき相続税額から下記の①又は②の相続税額を控除できます。

控除不足がある場合は、扶養義務者の本来納付すべき相続税額から下記の相続税額を控除できます。

① 一般障害者（精神障害の場合は障害者手帳2級以下）の場合

　（85歳－相続開始時のBの年齢45歳）×100,000円＝4,000,000円

② 特別障害者（精神障害の場合は障害者手帳1級）の場合

　（85歳－相続開始時のBの年齢45歳）×200,000円＝8,000,000円

③ しかし、父の相続開始時に障害者手帳の交付を受けていないので上記の制度を受けることは、法令上はできません。

解決方法

① 税法は法令（法律、施行令など）の他に、通達などがあり、法令上はできないことでも、通達などで緩やかにしている場合があります。緩和通達と呼ばれています。

② 相続税法基本通達19の4－3に次のような規定があります。

　（障害者として取り扱うことができる者）要約

　相続開始の時において、精神障害者保健福祉手帳の交付を受けていない者であっても、次に掲げる要件のいずれにも該当する者は、一般障害者又は特別障害者に該当するものとして取り扱うものとする（法令上は認めないが、通達では認めるという表現です。）。

⑴　相続税の期限（死亡してから10ヶ月）内申告書を提出する時において、これらの手帳の交付を受けていること又はこれらの手帳の交付を申請中であること。
⑵　(一部省略)
　　……規定する医師の診断書により、相続開始の時の現況において、明らかにこれらの手帳に記載される程度の障害があると認められる者であること。
③　つまり、相続開始後であっても、10ヶ月以内に障害者手帳の交付を受けていれば障害者控除を受けられます。
④　期限に交付が間に合わなくとも期限内に申請をしていれば申告書を提出する段階で障害者控除を適用しておいて後日障害者手帳の交付を受けた段階で写しを送付等すれば適用を受けられます。
⑤　④の場合で障害者の区分がわからないため、当初申告では控除を受けなくとも、相続税の期限内に障害者認定の申請をしていたことを証明する書類（申請書の写しなど）を添付して更正の請求（税務署に対して相続税を減額してくださいと請求すること）は可能と思われます。

事例 33 同敷地内の別家屋に兄弟姉妹が数名居住。嫁の気持ちは？

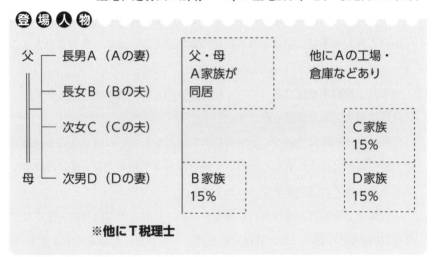

事例のあらまし

相続税対策の依頼を受けたT税理士がAの自宅での会話

　　　　（参加者A・B・C・D）

T 「将来の相続（税）対策のためにBCD各人が居住している敷地分を今のうちに分筆登記しておいたらいかがですか。全体の各15％程度（合計45％）ですけど。」

B 「父が死亡して、母が相続しないとしたら兄弟姉妹4等分25％（法定相続分）になるんですね」

C 「『高齢だし自分の財産も会社からの役員報酬でたくさんあるから私は主張しないわ』と、母が言っていたよ」

T 「そうですか。各人の法定相続分25％－15％＝10％分少ないけどどうしま

すか」
B 「私はそれでいいわ。父母の面倒を見たのはA家族だから」
C 「多少不満はあるけど賛成だよ」
D 「みんなが賛成なら俺も賛成だよ」
T 「それではこの案で分筆登記して、お父さんに遺言書を書いてもらいますか。相続対策の依頼をしてきたのはお父さんですから」発言していなかった長男Aが話し始めた。
A 「俺は反対だ。遺産分割協議はするけどおまえたちにはこの土地から出て行ってもらいたいんだ。」
B 「Aお兄ちゃん、皆がお兄ちゃんに有利になる様に考えて賛成してんのよ」
C 「そうよ。なんで分かってくれないの」

　ここでAとDが口論となり、つかみ合いのけんかを始めたので、T税理士は自分のめがねを安全な場所に置き（同行した担当のKはテーブルを移動し）、仲裁に入って事なきを得た。

T 「こんな有利な話なのに何でだめなんですか」
A 「あなたには我々の家族のことは分からない」

　その後相続が開始し、A主導のため相続税の申告書作成の依頼はT税理士にはなかった。

(問題点)

(1) **Aの気持ち**

① 当初、T税理士はAの気持ちが理解できなかった。
　何故こんなに有利な条件なのに反対するんだろう。
　何故兄弟姉妹にこの土地から出て行ってもらいたいんだろう。

② そういえば過去に似たような案件があったな。
　長男が父母より先に死亡したら、まもなくして、義理の父母を残して長

男の妻がその家から出て行ったことがあった。
③　そのときはなんとなく長男の妻の気持ちが理解できた。
　　家には義理の父母がおり、庭に出ると小姑たちがおり、父母の様子を見に自宅に頻繁にくるから、長男の妻にとっては針のむしろに座っているようなものだ。
④　長男はそのことを察してあのような発言をしたんでしょう。

解決方法
(1)　**反対の立場で考えてみる。**
①　父は同じ敷地内に子供たちが家族と居住していると安心であり、見た目にはほほえましい風景です。
②　しかし、複数の子供たち家族が同一敷地内に居住しているということは必ずしも良いことではないと筆者は考えます。
　　適当に離れていてたまに会うからお互いの存在価値を認識することができるのではないでしょうか。
③　長男（特に長男の妻）の立場で考えると先ほどの長男の発言が理解できるようになると思います。

格言？『混ぜるな危険』

第1章 相続トラブル解決事例35

事例 34 涙声で、…お姉ちゃん、お母さんをいじめないで…

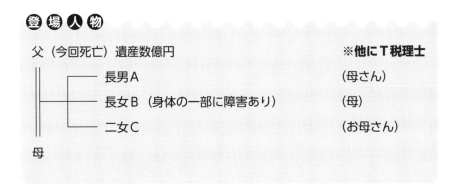

事例のあらまし

A「今回父が死亡したので、相続税の申告をお願いしたいんですが。相続人は母と私と妹のBとCの4名です」

T「弊社のことは何で知りましたか」

A「某テレビ局の朝のワイドショーで先生がコメンテータとして回答しているのを見て、ネットで検索しました」

T「ありがとうございます。あの番組は当日愛知県でコンビニ籠城事件があって、一時はカットされる可能性があったんですが、無事23分超放映されました。生放送だったんですよ」

A「そんなことがあったんですか。大変でしたね」

T「今日はお母さんも妹さん達もいらしていませんね」

A「母は足が悪くこれませんでした。今日は相続税の概要を知りたくて1人で来ましたが母はこのことは承知しています」

後日　自宅での会話　相続人　全員出席

A「今日は相続税の件でT税理士に来ていただきました。先日先生の事務所

に私一人で伺って相談してきました。三大新聞でも紹介される有名な税理士さんです。」

B 「えー　既に兄さんは1回会っているの。なんで最初から私を呼ばなかったの。私も相続人でしょう。母は知っているの？」

A 「母さんに相談し、とりあえず相続税の概要を教えて貰うために1人で会いに行ってきただけなんだよ」

C 「お姉ちゃん、いいじゃない。今みんなが集まって遺産分割の話をしているんだから」

B 「良くないわよ。この際だから言わせていただきます。私は一生母を恨みます。私が小さいときに怪我をして、母がすぐに病院に連れて行かなかったためその後遺症で〇〇が不自由で今でも苦労しています。なんですぐに病院に連れて行ってくれなかったの。連れて行ってくれていたらこんな苦労はしなくて良かったかもしれないのに。私は一生母を恨みます」

母　無言

A 「おまえこんな席でそんな話はするんじゃないよ。他人であるT先生もいるのに」

B 「この席だから私は言いたいの。私は一生母を恨みます」

母　無言

T 昔見た「遠き落日」という映画を思い出した。
　外科医になれなかった野口英世が母である野口シカに幼少期の事故を責める場面

C **涙声で**「お姉ちゃん、やめて。お母さんをいじめるのはやめて。お母さんが可哀想よ。お願いやめて」

B 「あんたには関係ない」

C 「…」

問題点

　遺産分割協議の席ではこのように（税理士又は相続人の一部が知らない）過去のいろいろなうっぷんが、吹き出ることが多々ありますが、ある程度「膿み出し」した方が良いと思われます。

解決方法

　解決方法というわけではないが、会話の最後にC二女が涙声で「…分かった。私の相続分はいらない。全部お姉ちゃんにあげる。それでお母さんを許してあげて。お願い…」と言い泣き伏す。

　最終的にはC二女は遺産を1円も相続しなかった。

　事例27を参照してください。今回は相続分の譲渡の書面等がありませんが、相続人全員が参加しての遺産分割協議の席での発言であり、CからBへの「相続分の譲渡」と考えることができると思われます。そうでないにしてもその場で遺産分割協議が正式に行われたわけであり、問題ないと思われます。

　母が仮に「相続分の譲渡」をBにし、数年後に母が死亡した場合には事例27の問題が生じるでしょう。

(2)　相続税法への影響

　事例27を参照してください。

事例 35 　生前に父の遺留分の放棄をした弟が母の遺留分権利承継主張？

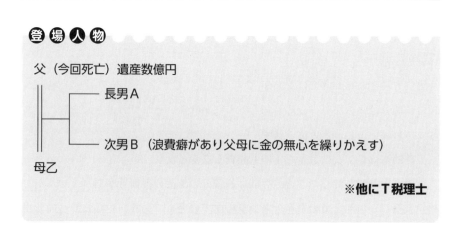

登場人物

父（今回死亡）遺産数億円
　├── 長男A
　├── 次男B（浪費癖があり父母に金の無心を繰りかえす）
母乙

※他にT税理士

事例のあらまし　時系列

① 　　　　　　②③　　　　　　④　⑤　　　　　　⑥　　⑦⑧

① 　Bが父に金の無心を繰り返し、数千万円の贈与を受けていた。
② 　2013年　またBが父に金の無心をしたため、父が「父の相続財産に対する遺留分をBが放棄する」ことを条件に贈与した。
③ 　2013年11月　〇〇家庭裁判所で正式に放棄が許可（民法1049）。
④ 　2014年9月　「Bから③の取消しを求める」との申出が〇〇家庭裁判所に提出される（家事事件手続法78）。
⑤ 　2014年11月　③の審判が不当とは判断されないため、④は認められなかった（認められるケースは少ない）。
⑥ 　2019年7月　父が死亡　遺言ですべてAに遺贈するとあり、そのとおりAが取得した。Bは遺留分侵害額の請求ができない。

— 126 —

乙は遺留分侵害額の請求（1／2×1／2＝1／4＝25％）ができるがしなかった。
⑦ 2020年4月　母が死亡　遺言書なし　B葬儀に参列せず
⑧ 2020年6月　Bは寝耳に水の下記の主張をしてきた。

母の相続財産は固有財産＋父の相続財産に対する遺留分侵害額の請求債権25％である。この財産で遺産分割をしよう。

遺留分権利者及びその承継人は、…遺留分侵害額に相当する金銭の支払を請求することができる（民法1046①）。

父の相続から1年以内のため遺留分侵害額の請求は可能である（民法1048）。

父の遺留分を放棄したが、母の遺留分を放棄はしておらず請求期間内に請求したので有効である。

問題点

(1) 遺留分権利者乙の遺留分侵害額の請求権割合

総体的遺留分1／2×乙の相続分1／2＝個別的遺留分1／4＝25％と主張ができる。

(2) 遺留分権利者の承継人はAとBである。

① 承継人が1人と仮定した場合は25％請求可能である。
② しかし、今回は2名なので何％となるのか？
　・Bの本来の請求権割合25％という説（B説）
　・遺留分侵害額の請求権は権利者の形成権であり、2名の内1人のみ行使したのであるから25％×1／2＝12.5％という説（A説）
　多くの文献を調べたが明確に回答したものはありませんでした。

> 解決方法

なし

しかし、母の遺産の分割案はAが財産を相続し、Bには代償金として20,000,000円支払うことで合意した。

支払い方法は1年に4,000,000円5年払いとした。

Bは金がなくなると父に泣きついて金の無心をしていたのであり、その性格は変わるわけがなく、20,000,000円全額を一度に渡すとギャンブル等ですぐに費消してしまう可能性が高いので、T税理士の発案でこのような方法を提案し、Bの了解を得て成立した。

事例には直接関係ないが『各種の参考資料』を掲載しました。

❶【民法改正】

2019年7月1日から新民法が施行され共同相続人の各種の資金需要に迅速に対応することを可能とするため、各共同相続人が、遺産分割前に、裁判所の判断を経ることなく、一定の範囲で遺産に含まれる預貯金債権を行使できることになりました（民法909の2）。

詳細な説明は省略しますが、法務省令で各金融機関（支店単位ではない）ごとに150万円を上限とすると決まりました。結果として下記のうちいずれか少ない金額（下記の表）となります。

① 相続開始時の各金融機関の各預貯金×1／3×前払いを求める相続人の法定相続分
② 金融機関ごとに上限150万円

　例　相続人　子供2名　1／3（同法）×1／2（法定相続分）＝1／6

A銀行（単位　円）		定期預金は満期到来分	
	普通預金	定期預金	各金融機関上限
赤羽支店	2,000,000	4,000,000	
上野支店	1,000,000	4,000,000	
本　店	3,000,000	4,000,000	
合計金額	6,000,000	12,000,000	
1／6	1,000,000	2,000,000	
普通優先	1,000,000	500,000	1,500,000
定期優先	0	1,500,000	1,500,000
できない例	1,500,000		1／6は1,000,000だから

❷ 相続人欠格事由と推定相続人の廃除の比較

鈴木潤子監修「図解民法（親族・相続編）」（大蔵財務協会）より

	相続人の欠格事由／民法891	推定相続人の廃除／民法892.893
意義	一定の不正事由があった場合に、法律上当然に相続権が剥奪される制度	遺留分を有する推定相続人に被相続人に対する一定の非行行為があった場合に、被相続人の請求に基づいて家庭裁判所が審判で相続権を剥奪する制度
手続	法律上当然に欠格となります。意思表示や裁判手続を要しません。	被相続人の請求と、廃除審判の確定を要します。
対象者	相続人となり得る可能性のあるもの ※相続人になり得ない者も相続欠格に準じて受遺者になれない（下記②）	遺留分を有する推定相続人（被相続人の兄弟姉妹は、遺留分を有しないので、廃除の対象とはなりません。）
受遺者	①民法891➡相続人欠格に該当したら ②民法965➡受遺者も欠格　取得不可 ⇨宥恕説あり　広島家裁呉支部審判平成22.10.5で①の相続人欠格の宥恕	受遺者にはなれます。
戸籍	戸籍に記載されない。	戸籍の身分事項に記載される。
回復		被相続人は、生前又は遺言で推定相続人の廃除の取消しを家庭裁判所に請求することが可。（民法894）

❸ 孤独死

通常は自宅又は病院等で死亡する場合が多いので戸籍の身分事項欄を見ると死亡日時が記載されますが、最近は孤独死が多くなり、いつ死亡したか不明の孤独死等の場合➡警察等から親族に連絡があり地元の医師が「死体検案書」を発行します。

それによりますと<u>「令和6年4月初旬推定」</u>等と記載されていましたが、死亡日時が不明だと他の相続との関係で問題が残ります。

民法上は、その時間の終期をもって死亡推定時刻とするものと解されているところです（中川善之助ほか「新版注釈民法（26）相続（1）」（有斐閣）69頁〜70頁参照）。

「…時刻不明で推定日に幅があるとき、たとえば●月1日から10日まで　という場合は、最後の推定日の終末【すなわち、24時。翌日の0時ではない】が死亡推定時刻となろう。」とありますので、上記の場合➡2024年4月10日24時00分が民法上の死亡日時となると思われます。

戸籍の身分事項欄には「死亡日時」令和6年4月1日ころから10日ころまでの間と記載されていました。

第2章

(相続税の基礎知識)・相続税はどのような税金?

(1) 相続税はどんな場合に課税されるのですか？

　人が死亡などした場合（**相続開始**といいます）、その人（**被相続人**といいます）の相続財産（遺産）は法定相続人（第3章(1)で詳細に解説しています）が相続により、または遺言で指定された者（**受遺者**といいます）が遺贈により取得します。

　そして相続財産が一定（相続税の<u>遺産に係る基礎控除額</u>）以上の場合、相続税が課税されます。

　相続開始は下記の3つに分類できます。

① 　人の死亡（民法882）「死亡が確認できる場合」

② 　失踪宣告（民法30）…不在者（住所等を去った者）の生死が不明でその期間が下記の場合、失踪宣告の請求が利害関係者から家庭裁判所に請求ができます。

　❶　普通失踪…7年間継続している場合⇨7年の期間が満了時に死亡したものとみなします。

　❷　特別失踪…危難終了時から1年間継続してる場合⇨満了時に死亡したものとみなします。

③ 　認定死亡（戸籍法89）…水難、火災その他の事変によって死亡した者がある場合には、その取り調べをした官庁又は公署は、死亡地の市町村長に死亡の報告をしなければならない。

※　失踪宣告の必要はありません。

（1953（昭和28）年4月23日／最高裁　死亡の事実が推定⇨相続登記可能）

(2) 相続税はどのような財産に課税されるのですか？

　有形無形に関わらず、金銭価値がある物は、一部の非課税財産を除いてほとんどの財産が相続税の対象になります。

【課税される財産の例】

　財産の評価方法は(5)を参照してください。

①現金 ②預貯金 ③土地
④土地の上に存する権利（借地権・配偶者居住権に係る敷地利用権など）
⑤家屋（建物とほぼ同義語）（配偶者居住権を含む）・構築物など
⑥有価証券（株式・出資金・国債・社債など） ⑦事業用財産
⑧家庭用財産（家具など） ⑨貸付金・未収金など ⑩ゴルフ会員権
⑪その他

【課税されない財産（非課税財産）の例】
① 生命保険金のうち（500万円×法定相続人の数）
② 死亡退職金のうち（500万円×法定相続人の数）
③ 墓所・仏壇・仏像など
④ 公共事業用財産
⑤ 相続税の申告期限までに国等に贈与した財産

(3) **相続税はどのように計算するのですか？**

計算順序を記載しましたが、複雑なので詳細は専門家に相談ください。
① 被相続人の全ての相続財産を集計し、非課税財産を除きます。
【⑩と⑯の財産は加算されます。】
② 相続税のかかる財産を種類ごとに評価します。
その後小規模宅地等の減額特例を選択するかどうかは自由です。選択しなかったら、原則として後で選択することはできません。
③ 相続財産から、控除される債務、葬式費用を差し引きます（A）。
④ 相続税の**基礎控除額**（B）を算出して差引きます（C）。
※（AがB以下の場合は相続税はなし）。
⑤ **C・課税遺産総額**を法定相続人が法定相続分で相続したものとして**各相続額**を計算します。
⑥ 各相続額を基に各法定相続人の相続税額を求めます。

⑦　各法定相続人の相続税額を合計します『**相続税の総額**』。

⑧　**相続税の総額**を、実際に相続又は遺贈によって取得した割合で取得した人に按分します。

⑨　財産を取得した者が、1親等の（自然・法定（孫養子を除く））血族や配偶者以外の場合は20％加算されます。

　※　代襲相続人である孫養子は20％加算はありません。

⑩　3年～7年内加算した贈与に課された贈与税は税額控除できます（**控除不足額は還付されません**）。

⑪　配偶者控除（配偶者の法定相続分（1/2・2/3・3/4・1/1）と1億6千万円のうち多い金額までの相続分は課税されません）。

⑫　未成年者控除（18歳－相続開始日の相続人の年齢）×10万円

⑬　障害者控除（85歳－相続開始日の相続人の年齢）×10万円

（特別障害者は20万円）

⑭　相次相続控除（10年以内に相続が相次いだ場合）

⑮　外国税額控除

⑯　相続時精算課税の適用を受けた贈与税は税額控除できます（**控除不足額は還付されます**）。

⑰　⑧＋⑨－⑩－⑪－⑫－⑬－⑭－⑮－⑯＝各人の**最終納付税額**

第2章 （相続税の基礎知識）・相続税はどのような税金？

課税価格の合計額の計算			課税遺産総額の計算
①	②	③	④
相続財産等の集計 ❶被相続人の全ての相続財産を集計し非課税財産を除きます。 ❷相続又は遺贈により財産を取得した者が、相続開始前3年〜7年以内に被相続人から贈与により取得した財産 ❸相続時精算課税制度を適用して贈与により取得した財産	相続財産等の評価 相続税のかかる財産を種類ごとに評価します。 ❶原則は時価 ❷実務的には、財産評価基本通達、評価企画官情報に従い評価	債務・葬式費用控除 相続財産から控除される債務、葬式費用を差し引きます。	課税遺産総額 相続税の基礎控除額を算出して、差引きます。 相続財産2億円 法定相続人3人 （妻・子供2人） ①基礎控除額 30,000千円＋ （6,000千円×3人） ＝48,000千円 ②2億円－48,000千円＝152,000千円

【相続税の総額の計算】			【納付税額の計算】		
⑤	⑥	⑦	⑧	⑨〜⑯	⑰
法定取得分 課税遺産総額を法定相続分に応じて、各法定相続人ごとの遺産額に分割します。	左記対応相続税 相続税の税率をかけます。 ⑤×D－E	相続税の総額 各人の税額を単純に合計します。 27,000千円	各人の算出税額 相続税の総額を各相続人が、実際に取得した遺産の割合に応じて、各人の税額を算出します。	税額加算控除 各人ごとに、税額控除又は2割加算を行います。	納付税額 ここで、各人の納付税額が確定します。
①妻 152,000千円×1/2＝76,000千円	①妻 76,000千円×30％－7,000千円＝15,800千円		①妻 27,000千円×1/2＝13,500千円	①妻（配偶者控除） 27,000千円×1/2＝13,500千円	①妻 13,500千円－13,500千円＝0
②長男及び長女 152,000千円×1/4＝38,000千円	②長男及び長女 38,000千円×20％－2,000千円＝5,600千円		②長男及び長女 27,000千円×1/4＝6,750千円	②長男及び長女なし	②長男及び長女各6,750千円合計13,500千円

```
課税財産
├─ 土地等
├─ 建物
├─ 現金
├─ 預金
├─ 有価証券
├─ 生命保険金
├─ 退職金
├─ その他の財産
└─ 贈与財産
    ├─ 3～7年以内前
    └─ 相続時精算課税

非課税財産
```

相続税の評価額 → 小規模宅地等特例 ｛ 特定事業用等宅地等の特例／特定居住用宅地等の特例／貸付事業用宅地等の特例 ｝ → 相続税の最終評価額

債務
葬式費用

A　正味遺産総額（合計遺産価格）　2億円

B　基礎控除　48,000千円

C　課税遺産総額　152,000千円

(4) 相続税はどのくらい課税されるのですか？

1次相続（今回の相続）と、2次相続（次の相続）迄の期間及び2次相続時の被相続人の固有財産、法定相続人の人数等により千差万別ですが、理解しやすいように下記の前提条件で計算しました。

前提条件

① = 1次相続

・配偶者と、子供（1人・2人・3人のケース）が法定相続人
・法定相続人が、法定相続分どおり相続したと仮定しました。
・生存配偶者の固有財産はないと仮定しました。

② = 2次相続

子供のみが相続人の場合（正味遺産総額の下段欄で遺産総額を判定し、②で相続税額を見る。）

（単位　千円）

A正味遺産総額	子供の数		1 人	2 人	3 人
50,000	①	合計	400	100	0
25,000	②	合計	0	0	0
	総	計	400	100	0
100,000	①	合計	3,850	3,150	2,625
50,000	②	合計	1,600	800	200
	総	計	5,450	3,950	2,825
200,000	①	合計	16,700	13,500	12,175
100,000	②	合計	12,200	7,700	6,300
	総	計	28,900	21,200	18,475
300,000	①	合計	34,600	28,600	25,400
150,000	②	合計	28,600	18,400	14,400
	総	計	63,200	47,000	39,800
400,000	①	合計	54,600	46,100	41,550
200,000	②	合計	48,600	33,400	24,600
	総	計	103,200	79,500	66,150

(5) 相続財産はどのように評価されるのですか？（主な財産のみ）

建前上は相続税法22条で『相続開始時の時価』ですが、『財産評価基本通達・評価企画官情報』で評価するのが実務上一般的です。

① 土地等（土地及び土地の上に存する権利『借地権など』）は、どのように評価されるのですか？

下記の2種類があります。

『路線価方式』

路線価（国税庁のHPにアクセスすると探せます）で評価します。

❶ 路線価×各種調整率＝1㎡当たり評価額

❷ 1㎡当たり評価額×地積＝全体評価額

❸ 全体評価額×※各種利用形態等による調整＝最終評価額

　※1　貸宅地（1－借地権割合）

　※2　貸家建付地（1－借地権割合×借家権割合）

　※3　他多数あります。

『倍率方式』路線価が付されていない地域

❶ 固定資産税評価額×評価倍率（国税庁のHPにアクセスすると探せます）＝全体評価額

❷ 全体評価額×※各種利用形態等による調整＝最終評価額

　※1　貸宅地（1－借地権割合）

　※2　貸家建付地（1－借地権割合×借家権割合30%）

　※3　他多数あります。

② 家屋（建物とほぼ同義語）はどのように評価されるのですか？

❶ 貸していない（借家権の対象になっていない）家屋の評価

　固定資産税評価額×評価倍率（1.0倍）＝自用家屋の評価

❷ 貸している（借家権の対象になっている）家屋の評価

自用家屋の評価×（1－借家権割合『30％』）＝❶×70％

③ 上場株式はどのように評価されるのですか？

　上場株式とは、金融商品取引所に上場されている株式をいいます。

　上場株式は、その株式が上場されている金融商品取引所が公表する課税時期（相続の場合は被相続人の死亡の日、贈与の場合は贈与により財産を取得した日）の最終価格によって評価します。

　ただし、課税時期の最終価格が、次の3つの価額のうち最も低い価額を超える場合は、その最も低い価額により評価します。

❶ 課税時期の属する月の最終価格の月平均額
❷ 課税時期の属する月の前月の最終価格の月平均額
❸ 課税時期の属する月の前々月の最終価格の月平均額

なお、課税時期に最終価格がない場合やその株式に権利落などがある場合には、一定の修正をすることになっています。

　以上が原則ですが、負担付贈与や個人間の対価を伴う取引で取得した上場株式は、その株式が上場されている金融商品取引所の公表する課税時期の最終価格によって評価します。

④ 非上場株式等はどのように評価されるのですか？

　下記の2種類があります。

　原則的評価方式『A＝純資産価額方式』と『B＝類似業種比準方式』があります。

　会社に対し支配力のある株主に対する評価方式で会社規模等により次のように区分されます。

小会社		中会社（折衷方式）			大会社
原則	下記でも可	小	中	大	
A×100%	A×50%	A×40%	A×25%	A×10%	
	B×50%	B×60%	B×75%	B×90%	B×100%

※　会社の規模の判定は省略します。専門家に聞いてください。

※　BよりもAの方が低い場合はAの評価（通常はAの方が高い）

特例的評価方式『配当還元方式』

　同族株主以外の株主等が取得した株式については、その株式の発行会社の規模にかかわらず原則的評価方式に代えて特例的な評価方式の配当還元方式で評価します。配当還元方式は、その株式を所有することによって受け取る一年間の配当金額を、一定の利率（10％）で還元して元本である株式の価額を評価する方法です。

原則方式か特例方式かの判定基準

株主の態様					評価方式
同族株主のいる会社	同族株主	持株割合が5％以上の株主			原則的評価方式
		持株議決権数の割合が5％未満の場合	中心的な同族株主がいない場合		
			中心的な同族株主がいる場合	中心的な同族株主	
				役員又は役員となる株主	
				その他の株主	配当還元方式
	同族株主以外の株主				

株主の態様				評価方式
同族株主のいない会社	持株議決権の割合の合計が15％以上の株主グループに属する株主	持株割合が5％以上の株主		原則的評価方式
		持株割合が5％未満の場合	中心的な株主がいない場合	
			中心的な株主がいる場合: 役員である株主又は役員となる株主	
			その他の株主	配当還元方式
	持株割合の合計が、15％未満の株主グループに属する株主			

※ 「同族株主」「中心的な同族株主」「中心的な株主」の意味は、省略させて頂きました。専門家に聞いてください。

⑤ 預貯金はどのように評価されるのですか？

❶ 定期性預貯金

相続開始時の預貯金残高＋（『相続開始日に仮に解約したとした場合の』既経過利息－源泉所得税等相当額）

❷ 上記以外

相続開始時の預貯金残高

⑥ ゴルフ会員権はどのように評価されるのですか？

取引相場の有無など形態によって評価方法が異なります（プレー権のみの場合は評価しません。）。

取引相場あり	通常の取引価格の70%　※　預託金等がある場合は加算	
取引相場なし	株式制度による会員権	株式の評価に準じる ※　預託金等がある場合加算
	預託金方式の会員権	返還される預託金等によって評価

⑦ 生命保険金や死亡退職金を受け取った場合はどうなりますか？

生命保険金	500万円×法定相続人の数＝非課税枠
死亡退職金	500万円×法定相続人の数＝非課税枠 ※　通常の範囲内の弔慰金は非課税

第3章

相続財産は、誰に、どのように相続遺贈される？

(1) 法定相続人と相続割合はどのようになっていますか？

① 法定相続人

　ある人が死亡（被相続人といいます。）すると、民法で相続できる人の範囲（法定相続人といいます。）とその順位、相続割合（法定相続分）が決められています。配偶者は他の相続人と常に同順位です。

順位	法定相続人（代襲相続人を含みます）
第1	**配偶者と、子供**（子供が既に死亡『被相続人と同時死亡の場合を含みます。』している場合、又は相続の欠格『第3章(5)参照』に該当し、若しくは推定相続人の廃除『第3章(5)参照』によって、その相続権を失ったときは、子供の子供（孫）『代襲相続』） ※　被相続人の**直系卑属（孫等※1）**でない者（養子縁組以前に生まれていた養子の子供）は該当しません。 ※　代襲相続人である子供の子供が下線に該当した場合は、さらに下にいきます。（再代襲相続） ※　子等が相続の放棄をした場合、代襲相続されません。
第2	**配偶者と、直系尊属（※2）**。ただし、親等の異なる者の間では、その近い者を先にします。 （父母『1親等の直系尊属』・祖父母『2親等の…』） ※　父は既に死亡し父方の祖父母が健在でも、母が健在であれば母のみ該当します。 ※　直系尊属の場合は代襲相続という考え方ではありませんので、両親が相続の放棄を正式にした場合、当然に祖父母に相続権が移ります。
第3	**配偶者と、兄弟姉妹** （甥・姪まで代襲相続。その下は再代襲相続なし）
	子供（代襲相続人含む）・直系尊属・兄弟姉妹（同左）いない場合、**配偶者のみ**
	配偶者がいない場合、被相続人の子供・被相続人の直系尊属・被相続人の兄弟姉妹の順番

※1　卑属【ひぞく】＝親族図の本人より下である世代にある血族。
　　　子・孫などの直系卑属と、甥（おい）・姪（めい）などの傍系卑属。

※2　尊属【そんぞく】＝親族図の本人より上である世代の血族。
　　　父母・祖父母などの直系尊属、おじなどの傍系尊属に分けられる。

※3　兄弟姉妹・いとこなどの同世代は、尊属でも卑属でもない。

第3章 相続財産は、誰に、どのように相続遺贈される？

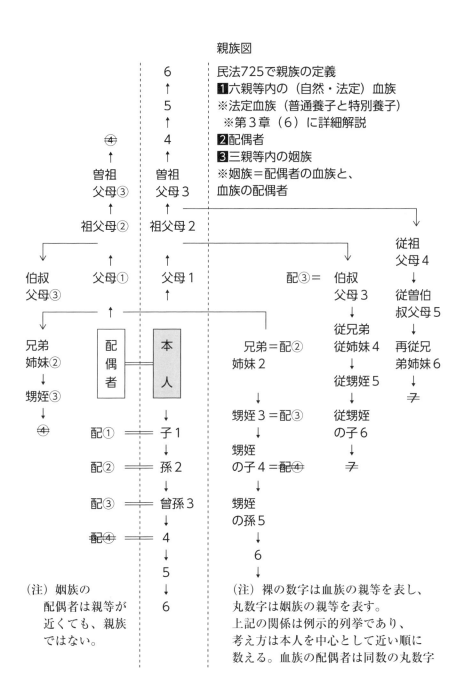

② 法定相続人と法定相続分の一覧表

条文は分数ですが、理解しやすくするために％で表示しています。

順位	法定相続人		その他の法定相続人の留意事項
	配偶者	その他	
第1	50.0%	子供 50.0%	子供の人数で均等相続
第2	66.7%	尊属 33.3%	複数の場合はその人数で均等相続 例　父16.66%　母16.66%
第3	75.0%	兄弟姉妹 25.0%	兄弟姉妹の人数で均等相続　※半血兄弟姉妹（被相続人と父母のうちどちらかが異なる関係）は全血兄弟姉妹の2分の1
	100%	いない	配偶者の相続税額控除全額➡相続税ゼロ
	いない	100%	上記の順位で
相続人等がいない場合	⇒相続財産法人の所有⇒①特別縁故者に分配⇒ ②　①いない場合は共有持分者に帰属⇒ ③　①②いない場合又は分配残額は国庫に帰属		

(注) 正確には33.3%⇨1/3・66.7%⇨2/3・16.66%⇨1/6です。

前記のイメージ図

第1	配偶者	50%	子供等**直系卑属**	50%
第2	配偶者	66.7%	**直系尊属**	33.3%
第3	配偶者	75%	兄弟姉妹	25%

(2) 法定相続分と違う割合で相続（遺贈）させたい場合はどうするのですか？

下記の4種類があります。

① 自筆証書遺言

自筆証書遺言は遺言者が、❶その全文（財産目録を除く。）、❷日付及び❸氏名を自書し、❹これに印を押さなければなりません。

② 公正証書遺言

❶　証人2人以上の立会いが必要です。

❷　遺言者が遺言の趣旨を公証人に口授します。

❸　公証人が、遺言者の口述を筆記し、これを遺言者及び証人に読み聞かせ、又は閲覧させます。
❹　遺言者及び証人が、筆記の正確なことを承認した後、各自これに署名し、印を押します。
　　ただし、遺言者が署名することができない場合は、公証人がその事由を付記して、署名に代えることができます。
❺　公証人が、その証書は❶から❹に掲げる方式に従って作ったものである旨を付記して、これに署名し、印を押します（公正証書遺言の方式の特則もあります。）（民法969の2）。
③　秘密証書遺言
❶　遺言者が、その証書に署名し、印を押します。
❷　遺言者が、その証書を封じ、証書に用いた印章をもってこれに封印します。
❸　遺言者が、公証人1人及び証人2人以上の前に封書を提出して、自己の遺言書である旨並びにその筆者の氏名及び住所を申述します。
❹　公証人が、その証書を提出した日付及び遺言者の申述を封紙に記載した後、遺言者及び証人とともにこれに署名し、印を押します。
④　死因贈与契約（民法554）
　贈与者の死亡によって効力を生ずる贈与契約も、経済的効果においては遺言と同じです。
　そのため相続税法上は遺贈（贈与者の死亡により効力を生ずる贈与を含む。）とあります。
　しかし相続人に対して遺贈の場合は不動産取得税が課税されませんが、死因贈与契約の場合は民法上は贈与ですので不動産取得税が課税されます（1989（平成元）年2月16日／盛岡地裁）。

⑶ 遺留分というのはどんな制度なんですか？

① 遺留分

　遺贈者（被相続人）が法定相続人や相続権のない人に遺言で贈与することを遺贈といいます。

　しかし、遺贈者の死亡後における法定相続人の生活を保障し、また相続人間の公平を図るために、『遺贈者の財産処分権と法定相続人の利益保護』という権利調整機能として、一定の法定相続人が、受贈者（遺言で贈与を受けた人）に請求できる「財産の一定割合」をいいます（民法1042）。

② 遺留分侵害額の請求

　遺留分権利者及びその承継人は、受遺者（特定財産承継遺言により財産を承継し又は相続分の指定を受けた相続人を含む。以下この章において同じ。）又は受贈者に対し、遺留分侵害額に相当する金銭の支払を請求することができる（民法1046）。

　遺留分権利者が、相続の開始及び遺留分を侵害する贈与又は遺贈があったことを知った時から１年間行使しないときは、時効によって消滅する。相続開始の時から10年を経過したときも、同様とする（民法1048）。

③ 遺留分計算の基となる財産額＝Ａ＋Ｂ－Ｃ

　Ａ＝相続開始時の相続財産＝全財産－（一身専属権＋祭祀用財産）

　Ｂ＝被相続人が贈与した財産

　　ア　相続開始前の1年間にされた贈与（民法1044①前段）

　　イ　相続人に対し、相続開始前の10年間にされた、婚姻若しくは養子縁組のため又は生計の資本としてなされた贈与（同③）

　　ウ　ア、イに定めた期間より前にされた贈与【当事者双方が遺留分権利者に損害を加えることを知ってした贈与】（民法1044①後段）

第3章 相続財産は、誰に、どのように相続遺贈される？

エ 負担付贈与【贈与の目的の価額から負担の価額を控除した額】(民法1045①)

オ 不相当な対価による有償行為【当事者双方が遺留分権利者に損害を加えることを知って贈与をした場合は負担付贈与とみなして加算】(民法1045②)

カ 贈与以外の無償の処分【贈与と同様に扱い加算】

C＝相続債務＝承継債務＋公租公課＋※葬式費用

※ 1984（昭和59）年7月12日／東京地裁➡含める。1986（昭和61）年1月28日／東京地裁➡含めない。

④ 遺留分の放棄

相続の開始前に遺留分の放棄をしたい法定相続人は、家庭裁判所の許可を受ければできます（民法1049）。

⑤ 各法定相続人（遺留分権利者）の遺留分一覧表

条文は分数ですが、理解しやすくするために％で表示しています。

A総体的遺留分×遺留分を有する各人の相続分＝B個別的遺留分

法定相続人 （本来もらえる人）	遺留分計 A％	各法定相続人の遺留分B％			
		配偶者	子供等	父母等	兄弟姉妹等
配偶者と子供等	50	25	25		
子供等のみ	50		50		
配偶者	50	50			
配偶者と父母等	50	33.3		16.7	
父母等のみ	33.3			33.3	
配偶者と兄弟姉妹等	50	50			なし
兄弟姉妹等	なし				なし

（注） 33.3％は正確には1/3。16.7％は正確には1/6。

⑷ 遺言以外で相続人以外の者が相続財産を取得することはできないのですか？

- 特別縁故者に対する相続財産の分与
    ① 遺言書がなく、又はあっても財産の一部のみの遺言の場合で相続人が不明の場合、民法で定める一定の期間内に相続人としての権利を主張する者がないときは、相続人並びに相続財産の清算人に知れなかった相続債権者及び受遺者は、その権利を行使することができません（民法958【2023.4.1～】）。
    ② ①の場合において、被相続人と生計を同じくしていた者（内縁の配偶者など）、被相続人の療養看護に努めた者その他被相続人と特別の縁故があった者が請求すると、家庭裁判所が相当と認めるときは、これらの者が清算後残存すべき相続財産の全部又は一部をもらうことができます（民法958の2【2023.4.1～】）。

- 特別の寄与者に対する「特別寄与料」（民法1050）事例19参照

　被相続人に対して無償で療養看護その他の労務の提供をしたことにより被相続人の財産の維持又は増加について特別の寄与をした被相続人の親族（相続人、相続の放棄をした者及び第891条の規定に該当し又は廃除によってその相続権を失った者を除く。「特別寄与者」という。）は、相続の開始後、相続人に対し、特別寄与者の寄与に応じた額の金銭（「特別寄与料」という。）の支払を請求することができます。

　ただし、遺産額－（特定）遺贈額控除後の範囲内のみ請求可能（民法1050④）
※　上記以外で(2)の④で既に説明していますが、死因贈与契約というのもあります。

第3章 相続財産は、誰に、どのように相続遺贈される？

・ **相続人・受遺者・特別縁故者がいない場合の共有者**（民法255）

（共有持分の放棄）共有に属する財産の共有者の1人が、その持分を放棄（相続の放棄を除く。）したとき、又は死亡した場合においてその者の相続人がないときは、その者に係る持分は、他の共有者がその持分に応じ贈与又は遺贈により取得したものとして取り扱うものとする（相基通9-12）。

(5) **相続の承認・放棄・相続人の欠格・推定相続人の廃除とはどういうものですか？**

① 単純承認　単純承認をしたら被相続人に帰属した権利義務を無制限に承継します。

② 法定単純承認　次に掲げる場合には、相続人は、単純承認をしたものとみなされます。

❶ 相続人が相続財産の全部又は一部を処分したとき。

ただし、保存行為（通常の葬儀費用・仏壇購入費用等は含みます。2002（平成14）年7月3日／大阪高裁）及び一定の短期賃貸をすることは法定単純承認とはみなされません。

❷ 相続人が自己のために相続が開始したことを知ったときから、3か月以内に限定承認又は相続の放棄をしなかったとき。

❸ 相続人が、限定承認又は相続の放棄をした後であっても、相続財産の全部若しくは一部を隠匿し、私にこれを消費し、又は悪意でこれを相続財産の目録中に記載しなかったとき。

ただし、その相続人が相続の放棄をしたことによって相続人となった者が相続の承認をした後は、法定単純承認とはみなされません。

③ 限定承認

❶ 相続によって得た財産の限度においてのみ被相続人の債務及び遺贈を弁済すべきことを留保して、相続の承認をすることをいいます。

❷ 相続人が数人あるときは、限定承認は、共同相続人の全員（放棄したものは含まれません。）が共同してのみこれをすることができます。

❸ 自己のために相続が開始したことを知ったときから３か月以内にしなければなりません。

❹ 被相続人にみなす譲渡課税が発生します。

（下記の右側のＢ／Ｓ）

B／S貸借対照表	B／S貸借対照表
資産 ／ 負債（譲渡税含まない）／ 支払不要	資産 ／ 負債 譲渡税含む 所法59① ／ 支払不要

譲渡税は本来、相続人固有財産から支払必要被相続人にみなす譲渡課税すると、譲渡税も外の相続債務と同じになり、相続財産の範囲内で譲渡税負担となり、相続人の保護になります。

④ 相続の放棄

❶ 自己のために相続が開始したことを知ったときから３か月以内にしなければなりません。

ただし、この期間は、利害関係人又は検察官の請求によって、家庭裁判所において伸長することができます（民法915）。

※ 実務的には３か月を過ぎても家庭裁判所が受理するケースもあり

ます。

❷ 相続の放棄をした者は、初めから相続人とならなかったものとみなされます（民法939）。

⑤ 相続の欠格（民法891）

※ **欠格の場合⇨受遺者にもなれません（民法965）**。

次に掲げる者は、相続人となることができません「法律上当然になれません」。

❶ 故意に被相続人又は相続について先順位若しくは同順位にある者を死亡するに至らせ、又は至らせようとしたために、刑に処せられた者（欠格の宥恕。2010（平成22）年10月5日／広島家裁呉支部）

❷ 被相続人の殺害されたことを知って、これを告発せず、又は告訴しなかった者。ただし、その者に是非の弁別がないとき、又は殺害者が自己の配偶者若しくは直系血族であったときは、相続人になれます。

※ ❶❷は「被相続人等の生命に対する侵害」です。

❸ 詐欺又は強迫によって、被相続人が相続に関する遺言をし、撤回し、取り消し、又は変更することを妨げた者

❹ 詐欺又は強迫によって、被相続人に相続に関する遺言をさせ、撤回させ、取り消させ、又は変更させた者

❺ 相続に関する被相続人の遺言書を偽造し、変造し、破棄し、又は隠匿した者

※ ❸❹❺は「遺言行為に対する違法干渉」です。

⑥ 相続の廃除（民法892・893）　事例18を参照してください。

遺留分を有する（兄弟姉妹以外の）推定相続人（被相続人に相続が開始した場合に相続人となるべき者をいう。以下同じ。）が、

❶ 被相続人に対して虐待をし、

❷ 被相続人に対して重大な侮辱を加えたとき、

❸ 推定相続人にその他の著しい非行があったときは被相続人は推定相続人の廃除を家庭裁判所に請求することができます（生前・遺言両方で請求可能です。）。

(6) **遺産分割の方法は何種類ありますか？**

下記の3種類があります。

① 現物分割

❶ 【狭義の現物分割】個々の財産を各相続人が個別に分割相続等する方法（民法906の原則的分割方法）

❷ 【共有分割】相続財産の全部又は一部を、相続人等の数人又は全員の共有にする方法

（注）広い意味では現物分割。安直な方法で推薦し難い。

② 代償分割

❶ 【狭義の代償分割】相続財産の現物は相続人等の特定の者又は数人に相続等をさせ、その取得者に他の者に対する債務を負担させる方法。

（注）自己の現金で支払う（家事事件手続法195）。

❷ 【代物分割】自己の現金以外の財産で支払う点が上記と異なる（家事事件手続法195）。

※ 遺産分割協議で長男が自宅等を取得予定であるから協議書に『<u>生命保険金100,000,000円から50,000,000円を代償金として次男に支払う</u>』とした場合、文言上は代償金とありますが、生命保険金は民法上の相続財産ではないから代償分割ではなく50,000,000円は贈与税の対象と税務当局から指摘された事例があります。

上記下線部分がなければ代償分割となると思われます。

③ 換価分割

相続財産を売却し金銭に換価して、分配する方法です。

第3章　相続財産は、誰に、どのように相続遺贈される？

❶　未分割のままで全員で売却
❷　便宜的に代表者1名で売却
（注）どちらも全員譲渡所得の申告が必要です（家事事件手続法194）。
※　②の代償分割と③の換価分割のいずれであるかについて、しばしば争いになります。
　遺産分割協議書の文言のみで決まるわけではなく、実質的に判断されます。
　課税関係に大きくかかわりますから、疑問がないように分割条項を作成するだけでなく、その民法及び税法上の違いを認識しながら、分割協議書の文言を作成することが重要です。
※　遺産分割協議書の文言が『代償金』とありながら、『換価分割』とされた判決があります（1993（平成5）年4月6日／最高裁・1983（昭和58）年3月18日／最高裁）。

第4章

相続税が過少又は過大と気がついた場合は？

事例1　相続税額が過少と気がついた場合

(1) あらすじ

鈴木一郎　「2年前に先生の事務所に依頼して相続税の申告と納税を済ましておりましたが、今回相続物件の土地の一部を譲渡することになりました」

「そして測量したところ、公簿800㎡の土地が縄伸びしており、実測で1,000㎡あることが分かったのですが申告が済んでいるので再度申告する必要はないですよね」

T税理士　「譲渡したあの土地は1㎡の評価額が50万円ですので
500,000×200㎡＝100,000,000円（1億円）評価額が増加することになりますよ」

「鈴木さんの場合、上積税率50％ですから相続税額は50,000,000（5千万円）増加することになりますよ」

鈴木一郎　「どうしても再度申告をしなければならないのですか」

T税理士　「鈴木さんの場合、来年の3月15日までに譲渡申告をしなければいけないです。その際には措置法39条『取得費加算』の適用を受けられますし、譲渡契約書も添付することになりますから、縄伸びしたことは一目瞭然ですよ」

「しかも、財産評価基本通達8項では『地積は課税時期における実際の面積による』と規定していますよ」

「税務署に指摘されてから相続税額5千万円を納税すると、最悪の場合、隠ぺい・仮装したとして『5千万円×重加算税35％＝17,500,000円』と（令和5年現在の年利率2.4％）延滞税を数年分賦課される恐れがありますよ」

「隠ぺい・仮装と判断されない場合でも、当初の相続税額が3億円ですから『5千万円×過少申告加算税10％＝5,000,000円』と延滞税

— 160 —

第4章 相続税が過少又は過大と気がついた場合は？

1年分（2.4％の場合1,200,000円）を賦課される可能性がありますよ」

鈴木一郎 「そんなにペナルティーがあるのですか。どうしたら良いのでしょうか」

T税理士 「良いことを教えます。税務署が指摘する前に自主的に修正申告書を提出してください。そうすると5,000,000円の過少申告加算税はかかりません。延滞税は最高で1年分だけ1,200,000円かかりますが」

鈴木一郎 「分かりました。先生、修正申告書の作成をお願いします」

(2) 問題点

(単位：円)

税の内訳	当初納税	税務署が指摘後に納税	
		隠ぺい仮装	左記以外
①相続税本税	300,000,000		
②相続税追加分		50,000,000	50,000,000
③過少申告加算税			5,000,000
④重加算税		17,500,000	
⑤延滞税仮に年利率2.4％（3年後納税）		3,600,000	1,200,000
附帯税＝③④＋⑤		21,100,000	6,200,000

(3) 解決策

税務署に指摘される前に自主的修正申告書を提出し、その日までに納税すると延滞税は1年分1,200,000円で済み、過少申告加算税5,000,000円または重加算税17,500,000円の支払いは不要となります。

事例2　相続税額が過大ではないかと疑問を持った場合

(1) あらすじ

山田太郎「平成29年以前に他の先生の事務所に依頼して相続税の申告と納税を済ましておりましたが、申告書を見直してみましたら『広大地の評価減（平成30年以降は「地積規模の大きな宅地の評価」）』をしていないことが分かりました」

T税理士「どんな土地ですか」

山田太郎「都内の土地で面積1200㎡、容積率150％。近くにはマンションもありますが戸建て住宅も混在しています。奥行きは30mで近所の開発は路地状敷地が半分以下です」

T税理士「申告書の控えを見せてください」

10分ほど申告書の内容を検算し

「では、『更正の請求』をしましょう。更正の請求が認められると3千万円相続税が還付されます」

(2) 問題点

申告期限から5年以内の場合、「更正の請求」という手続きをすると相続税が還付されます（国税通則法23）。

(3) 解決策

相続専門の税理士に、申告期限の翌日から5年（事務を考慮すると4年6月程度）以内に依頼すると還付される可能性があります。

巻末

参考法令等

民法	164
家事事件手続法	181
戸籍法	182
国税通則法	183
相続税法	184
相続税法基本通達	188
上記の逐条解説	190
国税不服審判所の裁決	190
裁判例	191
刑法	192

条文の【　】は筆者が便宜上挿入したものです。

【民法】

(不在者の財産の管理) 第25条

① 従来の住所又は居所を去った者（以下「不在者」という。）がその財産の管理人（以下この節において単に「管理人」という。）を置かなかったときは、家庭裁判所は、利害関係人又は検察官の請求により、その財産の管理について必要な処分を命ずることができる。本人の不在中に管理人の権限が消滅したときも、同様とする。

② 前項の規定による命令後、本人が管理人を置いたときは、家庭裁判所は、その管理人、利害関係人又は検察官の請求により、その命令を取り消さなければならない。

(管理人の権限) 第28条

管理人は、第103条に規定する権限を超える行為を必要とするときは、家庭裁判所の許可を得て、その行為をすることができる。

不在者の生死が明らかでない場合において、その管理人が不在者が定めた権限を超える行為を必要とするときも、同様とする。

(失踪の宣告) 第30条

① 不在者の生死が７年間明らかでないときは、家庭裁判所は、利害関係人の請求により、失踪の宣告をすることができる。

② 戦地に臨んだ者、沈没した船舶の中に在った者その他死亡の原因となるべき危難に遭遇した者の生死が、それぞれ、戦争が止んだ後、船舶が沈没した後又はその他の危難が去った後１年間明らかでないときも、前項と同様とする。

(失踪の宣告の効力) 第31条

前条第１項の規定により失踪の宣告を受けた者は同項の期間が満了した時に、同条第２項の規定により失踪の宣告を受けた者はその危難が去った時に、

死亡したものとみなす。

(権限の定めのない代理人の権限) 第103条

権限の定めのない代理人は、次に掲げる行為のみをする権限を有する。

一　保存行為

二　代理の目的である物又は権利の性質を変えない範囲内において、その利用又は改良を目的とする行為

(債権等の消滅時効) 第166条

① 債権は、次に掲げる場合には、時効によって消滅する。

　一　債権者が権利を行使することができることを知った時から5年間行使しないとき。

　二　権利を行使することができる時から10年間行使しないとき。

② 債権又は所有権以外の財産権は、権利を行使することができる時から20年間行使しないときは、時効によって消滅する。

③ 省略

(持ち分の放棄及び共有者の死亡) 第255条

共有者の1人が、その持分を放棄したとき、又は死亡して相続人がないときは、その持分は、他の共有者に帰属する。

※ 相続税法基本通達9-12参照

(分割債権及び分割債務) 第427条

数人の債権者又は債務者がある場合において、別段の意思表示がないときは、各債権者又は各債務者は、それぞれ等しい割合で権利を有し、又は義務を負う。

(代物弁済) 第482条

弁済をすることができる者(以下「弁済者」という。)が、債権者との間で、債務者の負担した給付に代えて他の給付をすることにより債務を消滅させる旨の契約をした場合において、その弁済者が当該他の給付をしたときは、その給付は、弁済と同一の効力を有する。

（催告による解除）第541条

当事者の一方がその債務を履行しない場合において、相手方が相当の期間を定めてその履行の催告をし、その期間内に履行がないときは、相手方は、契約の解除をすることができる。

ただし、その期間を経過した時における債務の不履行がその契約及び取引上の社会通念に照らして軽微であるときは、この限りでない。

（贈与）第549条

贈与は、当事者の一方がある財産を無償で相手方に与える意思を表示し、相手方が受諾をすることによって、その効力を生ずる。

（書面によらない贈与の解除）第550条

書面によらない贈与は、各当事者が解除をすることができる。

ただし、履行の終わった部分については、この限りでない。

（死因贈与）第554条

贈与者の死亡によって効力を生ずる贈与については、その性質に反しない限り、遺贈に関する規定を準用する。

（借用物の費用の負担）第595条

① 借主は、借用物の通常の必要費を負担する。

② 第583条第2項の規定は、前項の通常の必要費以外の費用について準用する。

（親族の範囲）第725条

次に掲げる者は、親族とする。

一 6親等内の血族【直系・傍系・自然・法定】

二 配偶者

三 3親等内の姻族【配偶者の血族・血族の配偶者】

（離婚等による姻族関係の終了）第728条

① 姻族関係は、離婚によって終了する。

② 夫婦の一方が死亡した場合において、生存配偶者が姻族関係を終了させる

意思を表示したときも、前項と同様とする。

（再婚禁止期間）第733条【2022年12月10日改正で削除された。】

① 女は、前婚の解消又は取消しの日から起算して100日を経過した後でなければ、再婚をすることができない。

② 前項の規定は、次に掲げる場合には、適用しない。

一 女が前婚の解消又は取消しの時に懐胎していなかった場合

二 女が前婚の解消又は取消しの後に出産した場合

（離婚の規定の準用）第749条

第728条第1項、第766条から第769条まで、第790条第1項ただし書並びに第819条第2項、第3項、第5項及び第6項の規定は、婚姻の取消しについて準用する。

（生存配偶者の復氏等）第751条

① 夫婦の一方が死亡したときは、生存配偶者は、婚姻前の氏に復することができる。

② 第769条の規定は、前項及び第728条第2項の場合について準用する。

（離婚による復氏等）第767条

① 婚姻によって氏を改めた夫又は妻は、協議上の離婚によって婚姻前の氏に復する。

② 前項の規定により婚姻前の氏に復した夫又は妻は、離婚の日から3箇月以内に戸籍法の定めるところにより届け出ることによって、離婚の際に称していた氏を称することができる。

（協議上の離婚の規定の準用）第771条

第766条から第769条までの規定は、裁判上の離婚について準用する。

（尊属又は年長者を養子とすることの禁止）第793条

尊属又は年長者は、これを養子とすることができない。

(配偶者のある者が未成年者を養子とする縁組）第795条

配偶者のある者が未成年者を養子とするには、配偶者とともにしなければならない。ただし、配偶者の嫡出である子を養子とする場合又は配偶者がその意思を表示することができない場合は、この限りでない。

(配偶者のある者の縁組）第796条

配偶者のある者が縁組をするには、その配偶者の同意を得なければならない。ただし、配偶者とともに縁組をする場合又は配偶者がその意思を表示することができない場合は、この限りでない。

(養子の氏）第810条　　氏＝名字

養子は、養親の氏を称する。ただし、婚姻によって氏を改めた者については、婚姻の際に定めた氏を称すべき間は、この限りでない。

(相続開始の原因）第882条

相続は、死亡によって開始する。

(相続回復請求権）第884条

相続回復の請求権は、相続人又はその法定代理人が相続権を侵害された事実を知った時から5年間行使しないときは、時効によって消滅する。相続開始の時から20年を経過したときも、同様とする。

(相続に関する胎児の権利能力）第886条

① 胎児は、相続については、既に生まれたものとみなす。

② 前項の規定は、胎児が死体で生まれたときは、適用しない。

(子及びその代襲者等の相続権）第887条

① 被相続人の子は、相続人となる。

② 被相続人の子が、相続の開始以前に死亡したとき、又は第891条の規定に該当し、若しくは廃除によって、その相続権を失ったときは、その者の子がこれを代襲して相続人となる。ただし、被相続人の直系卑属でない者【養子縁組する前に出生している養子の子など】は、この限りでない。

③　前項の規定は、代襲者が、相続の開始以前に死亡し、又は第891条の規定に該当し、若しくは廃除によって、その代襲相続権を失った場合について準用する。【再代襲】

【変換】③で②を準用
　被相続人の孫が、相続の開始以前に死亡したとき、又は第891条の規定に該当し、若しくは廃除によって、その相続権を失ったときは、その者の孫がこれを代襲して相続人となる。ただし、被相続人の直系卑属でない者は、この限りでない。

（直系尊属及び兄弟姉妹の相続権）第889条
①　次に掲げる者は、第887条の規定により相続人となるべき者がない場合には、次に掲げる順序の順位に従って相続人となる。
　一　被相続人の直系尊属。ただし、親等の異なる者の間では、その近い者を先にする。【代襲相続という考えではない。】
　二　被相続人の兄弟姉妹
②　第887条第２項の規定は、前項第２号の場合について準用する。【前項３号（再代襲）は準用していません。】

【変換】②で887条②を準用
　被相続人の兄弟姉妹が、相続の開始以前に死亡したとき、又は第891条の規定に該当し、その相続権を失ったときは、その者の子がこれを代襲して相続人となる。ただし、被相続人の傍系卑属でない者は、この限りでない。

（相続人の欠格事由）第891条
　次に掲げる者は、相続人となることができない。

一　故意に被相続人又は相続について先順位若しくは同順位にある者を死亡するに至らせ、又は至らせようとしたために、刑に処せられた者

二　被相続人の殺害されたことを知って、これを告発せず、又は告訴しなかった者。ただし、その者に是非の弁別がないとき、又は殺害者が自己の配偶者若しくは直系血族であったときは、この限りでない。

三　詐欺又は強迫によって、被相続人が相続に関する遺言をし、撤回し、取り消し、又は変更することを妨げた者

四　詐欺又は強迫によって、被相続人に相続に関する遺言をさせ、撤回させ、取り消させ、又は変更させた者

五　相続に関する被相続人の遺言書を偽造し、変造し、破棄し、又は隠匿した者

（推定相続人の廃除）第892条

遺留分を有する【配偶者・卑属・尊属】推定相続人（相続が開始した場合に相続人となるべき者をいう。以下同じ。）が、被相続人に対して虐待をし、若しくはこれに重大な侮辱を加えたとき、又は推定相続人にその他の著しい非行があったときは、被相続人は、その推定相続人の廃除を家庭裁判所に請求することができる。

（遺言による推定相続人の廃除）第893条

被相続人が遺言で推定相続人を廃除する意思を表示したときは、遺言執行者は、その遺言が効力を生じた後、遅滞なく、その推定相続人の廃除を家庭裁判所に請求しなければならない。この場合において、その推定相続人の廃除は、被相続人の死亡の時にさかのぼってその効力を生ずる。

（共同相続の効力）第898条

①　相続人が数人あるときは、相続財産は、その共有に属する。

②　省略

（共同相続の効力）第899条

各共同相続人は、その相続分に応じて被相続人の権利義務を承継する。

（法定相続分）第900条

同順位の相続人が数人あるときは、その相続分は、次の各号の定めるところによる。

一　子及び配偶者が相続人であるときは、子の相続分及び配偶者の相続分は、各2分の1とする。

二　配偶者及び直系尊属が相続人であるときは、配偶者の相続分は、3分の2とし、直系尊属の相続分は、3分の1とする。

三　配偶者及び兄弟姉妹が相続人であるときは、配偶者の相続分は、4分の3とし、兄弟姉妹の相続分は、4分の1とする。

四　子、直系尊属又は兄弟姉妹が数人あるときは、各自の相続分は、相等しいものとする。

　　ただし、父母の一方のみを同じくする兄弟姉妹の相続分は、父母の双方を同じくする兄弟姉妹の相続分の2分の1とする。

（代襲相続人の相続分）第901条

①　第887条第2項又は第3項の規定により相続人となる直系卑属の相続分は、その直系尊属が受けるべきであったものと同じとする。ただし、直系卑属が数人あるときは、その各自の直系尊属が受けるべきであった部分について、前条の規定に従ってその相続分を定める。

②　前項の規定は、第889条第2項の規定により兄弟姉妹の子が相続人となる場合について準用する。

（寄与分）第904条の2

①　共同相続人中に、被相続人の事業に関する労務の提供又は財産上の給付、被相続人の療養看護その他の方法により被相続人の財産の維持又は増加について特別の寄与をした者があるときは、被相続人が相続開始の時において有

した財産の価額から共同相続人の協議で定めたその者の寄与分を控除したものを相続財産とみなし、第900条から第902条までの規定により算定した相続分に寄与分を加えた額をもってその者の相続分とする。

② ～ ④　省略

（遺産の分割の基準）第906条

遺産の分割は、遺産に属する物又は権利の種類及び性質、各相続人の年齢、職業、心身の状態及び生活の状況その他一切の事情を考慮してこれをする。

（遺産の分割前における預貯金債権の行使）第909条の2

各共同相続人は、遺産に属する預貯金債権のうち相続開始の時の債権額の3分の1に第900条及び第901条の規定により算定した当該共同相続人の相続分を乗じた額（標準的な当面の必要生計費、平均的な葬式の費用の額その他の事情を勘案して預貯金債権の債務者ごとに法務省令で定める額を限度とする。）については、単独でその権利を行使することができる。この場合において、当該権利の行使をした預貯金債権については、当該共同相続人が遺産の一部の分割によりこれを取得したものとみなす。

（相続の承認又は放棄をすべき期間）第915条

①　相続人は、自己のために相続の開始があったことを知った時から3箇月以内に、相続について、単純若しくは限定の承認又は放棄をしなければならない。ただし、この期間は、利害関係人又は検察官の請求によって、家庭裁判所において伸長することができる。

②　相続人は、相続の承認又は放棄をする前に、相続財産の調査をすることができる。

第916条

相続人が相続の承認又は放棄をしないで死亡したときは、前条第1項の期間は、その者の相続人が自己のために相続の開始があったことを知った時から起算する。【再転相続の規定】

(法定単純承認）第921条
次に掲げる場合には、相続人は、単純承認をしたものとみなす。
一 相続人が相続財産の全部又は一部を処分したとき。ただし、保存行為及び第602条に定める期間を超えない賃貸をすることは、この限りでない。
二 相続人が第915条第1項の期間内に限定承認又は相続の放棄をしなかったとき。
三 相続人が、限定承認又は相続の放棄をした後であっても、相続財産の全部若しくは一部を隠匿し、私にこれを消費し、又は悪意でこれを相続財産の目録中に記載しなかったとき。ただし、その相続人が相続の放棄をしたことによって相続人となった者が相続の承認をした後は、この限りでない

(限定承認）第922条
相続人は、相続によって得た財産の限度においてのみ被相続人の債務及び遺贈を弁済すべきことを留保して、相続の承認をすることができる。

(共同相続人の限定承認）第923条
相続人が数人あるときは、限定承認は、共同相続人の全員が共同してのみこれをすることができる。【相続を放棄したものは含まない】

(相続の放棄の効力）第939条
相続の放棄をした者は、その相続に関しては、初めから相続人とならなかったものとみなす。

(権利を主張する者がない場合）第958条【2023年4月1日から施行分】
第952条第2項の期間内に相続人としての権利を主張する者がないときは、相続人並びに相続財産の清算人に知れなかった相続債権者及び受遺者は、その権利を行使することができない。

(特別縁故者に対する相続財産の分与）第958条の2【2023年4月1日から施行分】
① 前条の場合において、相当と認めるときは、家庭裁判所は、被相続人と生

計を同じくしていた者、被相続人の療養看護に努めた者その他被相続人と特別の縁故があった者の請求によって、これらの者に、清算後残存すべき相続財産の全部又は一部を与えることができる。

② 前項の請求は、第952条第2項の期間の満了後3箇月以内にしなければならない。

(相続人に関する規定の準用）第965条

第886条【胎児】及び第891条【相続欠格】の規定は、受遺者について準用する。

(自筆証書遺言）第968条

① 自筆証書によって遺言をするには、遺言者が、その全文、日付及び氏名を自書し、これに印を押さなければならない。

② 前項の規定にかかわらず、自筆証書にこれと一体のものとして相続財産（第997条第1項に規定する場合における同項に規定する権利を含む。）の全部又は一部の目録を添付する場合には、その目録については、自書することを要しない。この場合において、遺言者は、その目録の毎葉（自書によらない記載がその両面にある場合にあっては、その両面）に署名し、印を押さなければならない。

③ 自筆証書（前項の目録を含む。）中の加除その他の変更は、遺言者が、その場所を指示し、これを変更した旨を付記して特にこれに署名し、かつ、その変更の場所に印を押さなければ、その効力を生じない。

(公正証書遺言）第969条

公正証書によって遺言をするには、次に掲げる方式に従わなければならない。

一 証人2人以上の立会いがあること。

二 遺言者が遺言の趣旨を公証人に口授すること。

三 公証人が、遺言者の口述を筆記し、これを遺言者及び証人に読み聞かせ、又は閲覧させること。

四　遺言者及び証人が、筆記の正確なことを承認した後、各自これに署名し、印を押すこと。ただし、遺言者が署名することができない場合は、公証人がその事由を付記して、署名に代えることができる。

五　公証人が、その証書は前各号に掲げる方式に従って作ったものである旨を付記して、これに署名し、印を押すこと。

（公正証書遺言の方式の特則）第969条の2　省略

（遺言の放棄）第986条

①　受遺者は、遺言者の死亡後、いつでも、遺贈の放棄をすることができる。

②　遺贈の放棄は、遺言者の死亡の時にさかのぼってその効力を生ずる。

（受遺者に対する遺贈の承認又は放棄の催告）第987条

遺贈義務者（遺贈の履行をする義務を負う者をいう。以下この節において同じ。）その他の利害関係人は、受遺者に対し、相当の期間を定めて、その期間内に遺贈の承認又は放棄をすべき旨の催告をすることができる。

この場合において、受遺者がその期間内に遺贈義務者に対してその意思を表示しないときは、遺贈を承認したものとみなす。

（受遺者の相続人による遺贈の承認又は放棄）第988条

受遺者が遺贈の承認又は放棄をしないで死亡したときは、その相続人は、自己の相続権の範囲内で、遺贈の承認又は放棄をすることができる。ただし、遺言者がその遺言に別段の意思を表示したときは、その意思に従う。

（遺贈の承認及び放棄の撤回及び取消し）第989条

①　遺贈の承認及び放棄は、撤回することができない。

②　第919条第2項及び第3項の規定は、遺贈の承認及び放棄について準用する。

（包括受遺者の権利義務）第990条

包括受遺者は、相続人と同一の権利義務を有する。

（前の遺言と後の遺言との抵触等）第1023条

①　前の遺言が後の遺言と抵触するときは、その抵触する部分については、後

の遺言で前の遺言を撤回したものとみなす。
② 前項の規定は、遺言が遺言後の生前処分その他の法律行為と抵触する場合について準用する。

(配偶者居住権) 第1028条

① 被相続人の配偶者(以下この章において単に「配偶者」という。)は、被相続人の財産に属した建物に相続開始の時に居住していた場合において、次の各号のいずれかに該当するときは、その居住していた建物(以下この節において「居住建物」という。)の全部について無償で使用及び収益をする権利(以下この章において「配偶者居住権」という。)を取得する。

ただし、被相続人が相続開始の時に居住建物を配偶者以外の者と共有していた場合にあっては、この限りでない。

一 遺産の分割によって配偶者居住権を取得するものとされたとき。
二 配偶者居住権が遺贈の目的とされたとき。

② 居住建物が配偶者の財産に属することとなった場合であっても、他の者がその共有持分を有するときは、配偶者居住権は、消滅しない。

③ 第903条第4項の規定は、配偶者居住権の遺贈について準用する。

(審判による配偶者居住権の取得) 第1029条

遺産の分割の請求を受けた家庭裁判所は、次に掲げる場合に限り、配偶者が配偶者居住権を取得する旨を定めることができる。

一 共同相続人間に配偶者が配偶者居住権を取得することについて合意が成立しているとき。

二 配偶者が家庭裁判所に対して配偶者居住権の取得を希望する旨を申し出た場合において、居住建物の所有者の受ける不利益の程度を考慮してもなお配偶者の生活を維持するために特に必要があると認めるとき(前号に掲げる場合を除く。)。

(配偶者居住権の存続期間)第1030条

配偶者居住権の存続期間は、配偶者の終身の間とする。ただし、遺産の分割の協議若しくは遺言に別段の定めがあるとき、又は家庭裁判所が遺産の分割の審判において別段の定めをしたときは、その定めるところによる。

(配偶者居住権の登記等)第1031条

① 居住建物の所有者は、配偶者(配偶者居住権を取得した配偶者に限る。以下この節において同じ。)に対し、配偶者居住権の設定の登記を備えさせる義務を負う。

② 第605条の規定は配偶者居住権について、第605条の4の規定は配偶者居住権の設定の登記を備えた場合について準用する。

(遺留分の帰属及びその割合)第1042条

① 兄弟姉妹以外の相続人は、遺留分として、次条第1項に規定する遺留分を算定するための財産の価額に、次の各号に掲げる区分に応じてそれぞれ当該各号に定める割合を乗じた額を受ける。

一 直系尊属のみが相続人である場合 3分の1

二 前号に掲げる場合以外の場合 2分の1

② 【遺留分を有する】相続人が数人ある場合には、前項各号に定める割合は、これらに第900条及び第901条の規定により算定したその各自の相続分を乗じた割合とする。

①の考え方(総体的遺留分)

順位／相続人	遺留分
配偶者のみ	1／2
第1／直系卑属 ＋ 配偶者	1／2
第1／直系卑属のみ	1／2

②の考え方
①×②＝個別的遺留分
遺留分を有する相続人が複数人

×各直系卑属の法定相続分
×配偶者の法定相続分
×各直系卑属の法定相続分

第2／直系尊属 ＋ 　　　配偶者	1／2	×各直系尊属の法定相続分
		×配偶者の法定相続分
第2／直系尊属のみ	1／3	×各直系尊属の法定相続分
第3／兄弟姉妹 ＋ 　　　配偶者	無	
	1／2	←事例5
第3／兄弟姉妹のみ	無	

（遺留分を算定するための財産の価額）第1043条

① 遺留分を算定するための財産の価額は、被相続人が相続開始の時において有した財産の価額にその贈与した財産の価額を加えた額から債務の全額を控除した額とする。

② 条件付きの権利又は存続期間の不確定な権利は、家庭裁判所が選任した鑑定人の評価に従って、その価格を定める。

【遺留分を算定するための財産の価額】第1044条

① 贈与は、相続開始前の1年間にしたものに限り、前条の規定によりその価額を算入する。

　当事者双方が遺留分権利者に損害を加えることを知って贈与をしたときは、1年前の日より前にしたものについても、同様とする。

② 第904条の規定は、前項に規定する贈与の価額について準用する。

③ 相続人に対する贈与についての第1項の規定の適用については、同項中「1年」とあるのは「10年」と、「価額」とあるのは「価額（婚姻若しくは養子縁組のため又は生計の資本として受けた贈与の価額に限る。）」とする。

【遺留分を算定するための財産の価額】第1045条

① 負担付贈与がされた場合における第1043条第1項に規定する贈与した財産の価額は、その目的の価額から負担の価額を控除した額とする。

② 不相当な対価をもってした有償行為は、当事者双方が遺留分権利者に損害

を加えることを知ってしたものに限り、当該対価を負担の価額とする負担付贈与とみなす。

（遺留分侵害額の請求）第1046条

① 遺留分権利者及びその承継人【相続人・包括受遺者・相続分の譲受人など】は、受遺者（特定財産承継遺言により財産を承継し又は相続分の指定を受けた相続人を含む。以下この章において同じ。）又は受贈者に対し、遺留分侵害額に相当する金銭の支払を請求することができる。

② 遺留分侵害額は、第1042条の規定による遺留分から第１号及び第２号に掲げる額を控除し、これに第３号に掲げる額を加算して算定する。

一　遺留分権利者が受けた遺贈又は第903条第１項に規定する贈与の価額

二　第900条から第902条まで、第903条及び第904条の規定により算定した相続分に応じて遺留分権利者が取得すべき遺産の価額

三　被相続人が相続開始の時において有した債務のうち、第899条の規定により遺留分権利者が承継する債務（次条第３項において「遺留分権利者承継債務」という。）の額

（受遺者又は受遺者の負担額）第1047条

① 受遺者又は受贈者は、次の各号の定めるところに従い、遺贈（特定財産承継遺言による財産の承継又は相続分の指定による遺産の取得を含む。以下この章において同じ。）又は贈与（遺留分を算定するための財産の価額に算入されるものに限る。以下この章において同じ。）の目的の価額（受遺者又は受贈者が相続人である場合にあっては、当該価額から第1042条の規定による遺留分として当該相続人が受けるべき額を控除した額）を限度として、遺留分侵害額を負担する。

一　受遺者と受贈者とがあるときは、受遺者が先に負担する。

二　受遺者が複数あるとき、又は受贈者が複数ある場合においてその贈与が同時にされたものであるときは、受遺者又は受贈者がその目的の価額の割合に応じて負担する。ただし、遺言者がその遺言に別段の意思を表示した

ときは、その意思に従う。

　三　受贈者が複数あるとき（前号に規定する場合を除く。）は、後の贈与に係る受贈者から順次前の贈与に係る受贈者が負担する。

② 　第904条、第1043条第２項及び第1045条の規定は、前項に規定する遺贈又は贈与の目的の価額について準用する。

③ 　前条第１項の請求を受けた受遺者又は受贈者は、遺留分権利者承継債務について弁済その他の債務を消滅させる行為をしたときは、消滅した債務の額の限度において、遺留分権利者に対する意思表示によって第１項の規定により負担する債務を消滅させることができる。この場合において、当該行為によって遺留分権利者に対して取得した求償権は、消滅した当該債務の額の限度において消滅する。

④ 　受遺者又は受贈者の無資力によって生じた損失は、遺留分権利者の負担に帰する。

⑤ 　裁判所は、受遺者又は受贈者の請求により、第１項の規定により負担する債務の全部又は一部の支払につき相当の期限を許与することができる。

（遺留分侵害額請求権の期間の制限）第1048条

　遺留分侵害額の請求権は、遺留分権利者が、相続の開始及び遺留分を侵害する贈与又は遺贈があったことを知った時から１年間行使しないときは、時効によって消滅する。相続開始の時から10年を経過したときも、同様とする。

（遺留分の放棄）第1049条

① 　相続の開始前における遺留分の放棄は、家庭裁判所の許可を受けたときに限り、その効力を生ずる。

② 　共同相続人の１人のした遺留分の放棄は、他の各共同相続人の遺留分に影響を及ぼさない。

【特別の寄与】第1050条

① 　被相続人に対して無償で療養看護その他の労務の提供をしたことにより被

相続人の財産の維持又は増加について特別の寄与をした被相続人の親族（相続人、相続の放棄をした者及び第891条の規定に該当し又は廃除によってその相続権を失った者を除く。以下この条において「特別寄与者」という。）は、相続の開始後、相続人に対し、特別寄与者の寄与に応じた額の金銭（以下この条において「特別寄与料」という。）の支払を請求することができる。

② 前項の規定による特別寄与料の支払について、当事者間に協議が調わないとき、又は協議をすることができないときは、特別寄与者は、家庭裁判所に対して協議に代わる処分を請求することができる。ただし、特別寄与者が相続の開始及び相続人を知った時から6箇月を経過したとき、又は相続開始の時から1年を経過したときは、この限りでない。

③ 前項本文の場合には、家庭裁判所は、寄与の時期、方法及び程度、相続財産の額その他一切の事情を考慮して、特別寄与料の額を定める。

④ 特別寄与料の額は、被相続人が相続開始の時において有した財産の価額から遺贈の価額を控除した残額を超えることができない。

⑤ 相続人が数人ある場合には、各相続人は、特別寄与料の額に第900条から第902条までの規定により算定した当該相続人の相続分を乗じた額を負担する。

【家事事件手続法】
(債務を負担させる方法による遺産の分割) 第195条
家庭裁判所は、遺産の分割の審判をする場合において、特別の事情があると認めるときは、遺産の分割の方法として、共同相続人の1人又は数人に他の共同相続人に対する債務を負担させて、現物の分割に代えることができる。

【戸籍法】
第86条
① 死亡の届出は、届出義務者が、死亡の事実を知つた日から7日以内（国外で死亡があつたときは、その事実を知つた日から3箇月以内）に、これをしなければならない。
② 届書には、次の事項を記載し、診断書又は検案書を添付しなければならない。
　一　死亡の年月日時分及び場所
　二　その他法務省令で定める事項
③ やむを得ない事由によつて診断書又は検案書を得ることができないときは、死亡の事実を証すべき書面を以てこれに代えることができる。この場合には、届書に診断書又は検案書を得ることができない事由を記載しなければならない。

第89条
水難、火災その他の事変によつて死亡した者がある場合には、その取調をした官庁又は公署は、死亡地の市町村長に死亡の報告をしなければならない。但し、外国又は法務省令で定める地域で死亡があつたときは、死亡者の本籍地の市町村長に死亡の報告をしなければならない。

（姻族関係の終了）96条
民法728条第2項の規定によつて姻族関係を終了させる意思を表示しようとする者は、死亡した配偶者の氏名、本籍及び死亡の年月日を届書に記載して、その旨を届け出なければならない。

【国税通則法】
（更正の請求）第23条

① 納税申告書を提出した者は、次の各号のいずれかに該当する場合には、当該申告書に係る国税の法定申告期限から5年（第2号に掲げる場合のうち法人税に係る場合については、10年）以内に限り、税務署長に対し、その申告に係る課税標準等又は税額等（当該課税標準等又は税額等に関し次条又は第26条（再更正）の規定による更正（以下この条において「更正」という。）があつた場合には、当該更正後の課税標準等又は税額等）につき更正をすべき旨の請求をすることができる。

一　当該申告書に記載した課税標準等若しくは税額等の計算が国税に関する法律の規定に従つていなかつたこと又は当該計算に誤りがあつたことにより、当該申告書の提出により納付すべき税額（当該税額に関し更正があつた場合には、当該更正後の税額）が過大であるとき。

二　前号に規定する理由により、当該申告書に記載した純損失等の金額（当該金額に関し更正があつた場合には、当該更正後の金額）が過少であるとき、又は当該申告書（当該申告書に関し更正があつた場合には、更正通知書）に純損失等の金額の記載がなかつたとき。

三　第1号に規定する理由により、当該申告書に記載した還付金の額に相当する税額（当該税額に関し更正があつた場合には、当該更正後の税額）が過少であるとき、又は当該申告書（当該申告書に関し更正があつた場合には、更正通知書）に還付金の額に相当する税額の記載がなかつたとき。

② 納税申告書を提出した者又は第25条（決定）の規定による決定（以下この項において「決定」という。）を受けた者は、次の各号のいずれかに該当する場合（納税申告書を提出した者については、当該各号に定める期間の満了する日が前項に規定する期間の満了する日後に到来する場合に限る。）には、同項の規定にかかわらず、当該各号に定める期間において、その該当することを理由

として同項の規定による更正の請求（以下「更正の請求」という。）をすることができる。

【以下省略】

【相続税法】

（相続税の納税義務者）第１条の３

① 次の各号のいずれかに掲げる者は、この法律により、相続税を納める義務がある。

　一　相続又は遺贈（贈与をした者の死亡により効力を生ずる贈与を含む。以下同じ。）により財産を取得した…（以下省略）

（相続税の課税財産の範囲）第２条

① 第１条の３第１項第１号又は第２号の規定に該当する者については、その者が相続又は遺贈により取得した財産の全部に対し、相続税を課する。

② 第１条の３第１項第３号又は第４号の規定に該当する者については、その者が相続又は遺贈により取得した財産でこの法律の施行地にあるものに対し、相続税を課する。

（遺贈により取得したものとみなす場合）第４条

① 民法第958条の２第１項（特別縁故者に対する相続財産の分与）の規定により同項に規定する相続財産の全部又は一部を与えられた場合においては、その与えられた者が、その与えられた時における当該財産の時価（当該財産の評価について第３章に特別の定めがある場合には、その規定により評価した価額）に相当する金額を当該財産に係る被相続人から遺贈により取得したものとみなす。

② 特別寄与者が支払を受けるべき特別寄与料の額が確定した場合において

は、当該特別寄与者が、当該特別寄与料の額に相当する金額を当該特別寄与者による特別の寄与を受けた被相続人から遺贈により取得したものとみなす。

（債務控除）第13条　②以降省略

① 相続又は遺贈（包括遺贈及び被相続人からの相続人に対する遺贈に限る。以下この条において同じ。）により財産を取得した者が第1条の3第1項第1号又は第2号の規定に該当する者である場合においては、当該相続又は遺贈により取得した財産については、課税価格に算入すべき価額は、当該財産の価額から次に掲げるものの金額のうちその者の負担に属する部分の金額を控除した金額による。

　一　被相続人の債務で相続開始の際現に存するもの（公租公課を含む。）

　二　被相続人に係る葬式費用

（遺産に係る基礎控除）第15条

① 相続税の総額を計算する場合においては、同一の被相続人から相続又は遺贈により財産を取得した全ての者に係る相続税の課税価格（第19条の規定の適用がある場合には、同条の規定により相続税の課税価格とみなされた金額。次条から第18条まで及び第19条の2において同じ。）の合計額から、3000万円と600万円に当該被相続人の相続人の数を乗じて算出した金額との合計額（以下「遺産に係る基礎控除額」という。）を控除する。

② 前項の相続人の数は、同項に規定する被相続人の民法第5編第2章（相続人）の規定による相続人の数（当該被相続人に養子がある場合の当該相続人の数に算入する当該被相続人の養子の数は、次の各号に掲げる場合の区分に応じ当該各号に定める養子の数に限るものとし、相続の放棄があつた場合には、その放棄がなかつたものとした場合における相続人の数とする。）とする。

　一　当該被相続人に実子がある場合又は当該被相続人に実子がなく、養子の数が一人である場合　1人

　二　当該被相続人に実子がなく、養子の数が二人以上である場合　2人

③ 前項の規定の適用については、次に掲げる者は実子とみなす。
一 民法第817条の2第1項（特別養子縁組の成立）に規定する特別養子縁組による養子となつた者、当該被相続人の配偶者の実子で当該被相続人の養子となつた者その他これらに準ずる者として政令で定める者
二 実子若しくは養子又はその直系卑属が相続開始以前に死亡し、又は相続権を失つたため民法第5編第2章の規定による相続人（相続の放棄があつた場合には、その放棄がなかつたものとした場合における相続人）となつたその者の直系卑属

（相続税額の加算）第18条

① 相続又は遺贈により財産を取得した者が当該相続又は遺贈に係る被相続人の一親等の血族（当該被相続人の直系卑属が相続開始以前に死亡し、又は相続権を失つたため、代襲して相続人となつた当該被相続人の直系卑属を含む。）及び配偶者以外の者である場合においては、その者に係る相続税額は、前条の規定にかかわらず、同条の規定により算出した金額にその100分の20に相当する金額を加算した金額とする。

② 前項の一親等の血族には、同項の被相続人の直系卑属が当該被相続人の養子となつている場合を含まないものとする。ただし、当該被相続人の直系卑属が相続開始以前に死亡し、又は相続権を失つたため、代襲して相続人となつている場合は、この限りでない。

（期限後申告の特則）第30条

① 第27条第1項の規定による申告書の提出期限後において第32条第1項第1号から第6号までに規定する事由が生じたため新たに第27条第1項に規定する申告書を提出すべき要件に該当することとなつた者は、期限後申告書を提出することができる。

② 第28条第1項の規定による申告書の提出期限後において第32条第1項第1号から第6号までに規定する事由が生じたことにより相続又は遺贈による財

産の取得をしないこととなつたため新たに第28条第1項に規定する申告書を提出すべき要件に該当することとなつた者は、期限後申告書を提出することができる。

（修正申告の特則）第31条

① 第27条若しくは第29条の規定による申告書又はこれらの申告書に係る期限後申告書を提出した者（相続税について決定を受けた者を含む。）は、次条第1項第1号から第6号までに規定する事由が生じたため既に確定した相続税額に不足を生じた場合には、修正申告書を提出することができる。

②〜④　省略

（更正の請求の特則）第32条

① 相続税又は贈与税について申告書を提出した者又は決定を受けた者は、次の各号のいずれかに該当する事由により当該申告又は決定に係る課税価格及び相続税額又は贈与税額（当該申告書を提出した後又は当該決定を受けた後修正申告書の提出又は更正があつた場合には、当該修正申告又は更正に係る課税価格及び相続税額又は贈与税額）が過大となつたときは、当該各号に規定する事由が生じたことを知つた日の翌日から4月以内に限り、納税地の所轄税務署長に対し、その課税価格及び相続税額又は贈与税額につき更正の請求（国税通則法第23条第1項（更正の請求）の規定による更正の請求をいう。第33条の2において同じ。）をすることができる。

一　第55条の規定により分割されていない財産について民法（第904条の2（寄与分）を除く。）の規定による相続分又は包括遺贈の割合に従つて課税価格が計算されていた場合において、その後当該財産の分割が行われ、共同相続人又は包括受遺者が当該分割により取得した財産に係る課税価格が当該相続分又は包括遺贈の割合に従つて計算された課税価格と異なることとなつたこと。

二　民法第787条（認知の訴え）又は第892条から第894条まで（推定相続人の

廃除等）の規定による認知、相続人の廃除又はその取消しに関する裁判の確定、同法第884条（相続回復請求権）に規定する相続の回復、同法第919条第2項（相続の承認及び放棄の撤回及び取消し）の規定による相続の放棄の取消しその他の事由により相続人に異動を生じたこと。

三　遺留分侵害額の請求に基づき支払うべき金銭の額が確定したこと。

四　遺贈に係る遺言書が発見され、又は遺贈の放棄があつたこと。

五　第42条第30項（第45条第2項において準用する場合を含む。）の規定により条件を付して物納の許可がされた場合（第48条第2項の規定により当該許可が取り消され、又は取り消されることとなる場合に限る。）において、当該条件に係る物納に充てた財産の性質その他の事情に関し政令で定めるものが生じたこと。

六　前各号に規定する事由に準ずるものとして政令で定める事由が生じたこと。

七　第4条第1項又は第2項に規定する事由が生じたこと。

八　第19条の2第2項ただし書の規定に該当したことにより、同項の分割が行われた時以後において同条第1項の規定を適用して計算した相続税額がその時前において同項の規定を適用して計算した相続税額と異なることとなつたこと（第1号に該当する場合を除く。）。

以下省略

【相続税法基本通達】

(遺贈により財産を取得した一親等の血族) 18-1

相続の放棄をした者又は欠格若しくは廃除の事由により相続権を失つた者が遺贈により財産を取得した場合において、その者が当該遺贈に係る被相続人の

一親等の血族（法第18条第１項に規定する一親等の血族に限る。）であるときは、その者については、法第18条の相続税額の加算の規定の適用がないのであるから留意する。

（共有持分の放棄）9-12

共有に属する財産の共有者の１人が、その持分を放棄（相続の放棄を除く。）したとき、又は死亡した場合においてその者の相続人がないときは、その者に係る持分は、他の共有者がその持分に応じ贈与又は遺贈により取得したものとして取り扱うものとする。

（分割の意義）19の２-8

法第19条の２第２項に規定する「分割」とは、相続開始後において相続又は包括遺贈により取得した財産を現実に共同相続人又は包括受遺者に分属させることをいい、その分割の方法が現物分割、代償分割若しくは換価分割であるか、またその分割の手続が協議、調停若しくは審判による分割であるかを問わないのであるから留意する。

ただし、当初の分割により共同相続人又は包括受遺者に分属した財産を<u>分割のやり直しとして再配分した場合</u>には、その再配分により取得した財産は、同項に規定する分割により取得したものとはならないのであるから留意する。（昭47直資２-130追加、昭50直資２-257、平６課資２-114改正）

(注)　「代償分割」とは、共同相続人又は包括受遺者のうちの１人又は数人が相続又は包括遺贈により取得した財産の現物を取得し、その現物を取得した者が他の共同相続人又は包括受遺者に対して債務を負担する分割の方法をいい、「換価分割」とは、共同相続人又は包括受遺者のうちの１人又は数人が相続又は包括遺贈により取得した財産の全部又は一部を金銭に換価し、その換価代金を分割する方法をいうのであるから留意する。

【上記の逐条解説】

「改訂新版　相続税法基本通達逐条解説」(大蔵財務協会・H18)通達起案者又は後任者の解説

　なお、分割協議などにより取得した財産は、抽象的な共有の状態から具体的に特定の者の所有に帰属することになる。したがって、各人に具体的に帰属した財産を分割のやり直しとして再配分した場合には、一般的には、共同相続人間の自由な意思に基づく贈与又は交換等を意図して行われるものであることから、その意思に従って贈与又は交換等その態様に応じて贈与税又は譲渡所得税等の課税関係が生ずることとなる。

　もっとも、共同相続人間の意思に従いその態様に応じた課税を行う以上、当初の遺産分割協議後に生じたやむを得ない事情によって当該遺産分割協議が合意解除された場合などについては、合意解除に至った諸事情から贈与又は交換の有無について総合的に判断する必要がある。

　【下線部の記述は「平成15年版　相続税法基本通達逐条解説」(大蔵財務協会・H15)にはなく、平成18年版に追加された。最新の「令和6年版　相続税法基本通達逐条解説」(大蔵財務協会・R6)352頁も同じ。】

　また、当初の遺産分割による財産の取得について無効又は取消し得べき原因がある場合には、財産の帰属そのものに問題があるので、これについての分割のやり直しはまだ遺産の分割の範ちゅうとして考えるべきである。

【国税不服審判所の裁決】

2007(平成19)年6月26日／名古屋国税不服審判所裁決(裁決事例集未登載)

　贈与税の申告は贈与税額を具体的に確定させる効力は有するものの、それを

もって必ずしも申告の前提となる課税要件の充足（贈与事実の存否）までも明らかにするものではなく、贈与事実の存否の判断に当たって、贈与税の申告及び納税の事実は贈与事実を認定する上での一つの証拠とは認められるものの、贈与事実の存否は飽くまでも具体的な事実関係を総合勘案して判断すべきと解するのが相当である。

【裁判例】

2024（令和6）年11月12日／最高裁第3小法廷

養子縁組前に生まれた子供は、死亡した親の相続権を引き継げるかどうかで、東京高裁で「引き継げる」とした判決を破棄し「引き継げない」とする初判断をした。

同様の判決は（1932（昭和7）年5月11日／大審院判決）があります。

2024（令和6）年3月19日／最高裁第3小法廷

法定相続人が不動産を相続して10年以上経過した後、他にも相続人（受遺者）がいるという遺言書が見つかった場合、誰が不動産を相続できるかという裁判で、法定相続人による相続財産の取得は遺言によって妨げられないとする初判断を示した。時効取得が成立

①〜善意無過失で10年以上経過〜②〜5年以内〜③

① 2004　唯一の法定相続人（子供一人）として不動産を相続善意無過失で10年以上経過
② 2018　遺言書を発見＆検認「従兄弟2名と3等分の内容」

③ 遺言に基づき「相続回復請求権。5年以内」を行使できると従兄弟側が主張
④ 2024（令和6）年3月19日最高裁10年の時効取得成立

1982（昭和57）年9月30日／広島高判

相続税の課税価格の算定上債務控除の対象となる債務は、被相続人の債務で相続開始の際に現に存しその者の負担に属する金額であることを要する（相続税法13条1項1号）とともに、確実と認められる債務でなければならない（同法14条1項）。

そして、右の確実と認められる債務とは、債務が存在するとともに、債権者による裁判上、裁判外の請求、仮差押、差押、債務承認の請求等、債権者の債務の履行を求める意志が客観的に認識しえられる債務、又は、債務者においてその履行義務が法律的に強制される場合に限らず、社会生活関係上、営業継続上若しくは債権債務成立に至る経緯等に照らして事実的、道義的に履行が義務づけられているか、あるいは、履行せざるを得ない蓋然性の表象のある債務を意味すると解するのが相当である。

2010（平成22）年10月5日／広島家裁呉支部　相続人の欠格宥恕

（事例2に詳細）

【刑法】下線部分は令和7年6月1日に施行

（正当防衛）第36条

① 急迫不正の侵害に対して、自己又は他人の権利を防衛するため、やむを得ずにした行為は、罰しない。

② 防衛の程度を超えた行為は、情状により、その刑を減軽し、又は免除することができる。

(殺人)第199条 下線部分は2022年に『拘禁刑』に変更、未施行

人を殺した者は、死刑又は無期若しくは5年以上の懲役に処する。

(予備)第201条 下線部分は2022年に『拘禁刑』に変更、未施行

第199条の罪を犯す目的で、その予備をした者は、2年以下の懲役に処する。ただし、情状により、その刑を免除することができる。

(自殺関与及び同意殺人)第202条

人を教唆し若しくは幇助して自殺させ、又は人をその嘱託を受け若しくはその承諾を得て殺した者は、6月以上7年以下の禁錮刑に処する。

(未遂罪)第203条

第199条及び前条の罪の未遂は、罰する。

(傷害致死)第205条

身体を傷害し、よって人を死亡させた者は、3年以上の有期拘禁刑に処する。

(過失致死)第210条

過失により人を死亡させた者は、50万円以下の罰金に処する。

(業務上過失致死傷等)第211条

業務上必要な注意を怠り、よって人を死傷させた者は、5年以下の拘禁刑又は100万円以下の罰金に処する。重大な過失により人を死傷させた者も、同様とする。

【参考書籍】ぎょうせい

『小規模宅地特例の活用』(令和4年10月)

『空き家譲渡特例のすべて令和6年度改正対応版』(令和5年11月)

『難問解決　小規模宅地特例　Q&A360』(令和7年3月)

~著者紹介~

高橋　安志（たかはし　やすし）

プロフィール：昭和26年山形県大石田町出身。
（税理士法人安心資産税会計）会長税理士
(有)相続110番協議会）代表取締役

他に実践的な資産税研究会「第3土曜会」を31年間主宰している。
著書
「よくわかる小規模宅地特例のすべて／平成7年9月」初版
「相続トラブル解決事例30」・他　　合計39冊（2025年4月末現在）
取材
「日本経済新聞」「ガイアの夜明け」「週刊新潮」「サンデー毎日」「週刊現代」「日経ムック」「プレジデント」「週刊ダイヤモンド」「全国賃貸住宅新聞」「家主と地主」その他　多数
　相続専門として朝日新聞・読売新聞・日経新聞で毎年6回紹介

TV出演
　平成27年8月31日 TV朝日　モーニングバード生出演　他多数
　テレビ埼玉・千葉TV・TV神奈川の「マチコミ」という番組で、準レギュラーとして年4回生出演

TVCM放映
　月曜日　TBS　　　　05：15～05：59
　木曜日　テレビ埼玉　22：00～22：30
　日曜日　テレビ埼玉　06：00～06：30

税理士法人　安心資産税会計
115-0045　東京都北区赤羽1-52-10メトロシティ
　　　　　　　　　　　　　　赤羽岩淵5F
　TEL　03-5249-0580　FAX　03-5249-0586
　メールアドレス　takahashi-yasushi@tkcnf.or.jp
（地下鉄南北線赤羽岩淵駅　一番出口　真上のビル　徒歩0分）

4訂版

相続トラブル解決事例35

令和7年4月15日　初版印刷
令和7年4月24日　初版発行

不許複製	著　者	税理士法人　安心資産税会計 代表税理士　会長 髙　橋　安　志
	発行者	（一財）大蔵財務協会理事長 木　村　幸　俊

〒130-8585
東京都墨田区東駒形1丁目14番1号
発行所　一般財団法人　大蔵財務協会
（販売部）TEL03(3829)4141・FAX03(3829)4001
（編集部）TEL03(3829)4142・FAX03(3829)4005
URL https://www.zaikyo.or.jp
印刷　奥村印刷㈱

ISBN978-4-7547-3324-7 C3033

乱丁、落丁の場合はお取り替えいたします。**禁無断転載**